# 目 录

- 1 序言 曹正文
- 1 自序 秦维宪

- 1 蟋蟀大战备忘录
- 53 上海蟋蟀市场风云录
- 72 斗蟋蟀:上海滩悠久的民俗图
- 80 "蟋蟀大将"
- 89 蟋蟀市场奇遇记

- 100 当年捉蟋蟀的快乐
- 103 仲夏斗飞蟋
- 105 月夜捉虫记
- 107 马陆捕虫"走麦城"
- 110 沉浮"大头紫鸡"
- 112 一将难求"小黑紫"
- 114 "关公"战群雄
- 116 "重牙"暗藏杀器
- 118 "血斑左线腿"以柔克刚

120 "淡紫披袍"霸王举鼎
122 "脆须"醉咬"黑和尚"
124 "翠儿"怪叫退劲敌
126 "假三尾"勇冠三军
128 "黄长衣"金鸡独立
131 混世魔王"黑蟑螂"
133 七宝蟋蟀打擂预赛记
137 "贰先生"也能出将军
139 "小红头"智斗三大将
142 "青麻头"首战落马
144 连斗毁掉"大将军"
146 "青蛙腿"横刀立马
148 秧子·白虫·"野战军"
150 "黑铁"疗伤
153 "紫三色"返家记
155 蟋蟀盆换《西厢记》
157 蟋蟀讲座被考记
161 为研究生上蟋蟀课
165 蟋蟀筒里的秘密
168 爱虫文曲星与三省争朱熹——兼谈三县争蟋霸

秦维宪 著

# 中华斗蟋潮

# 序言

与秦维宪兄相识于20年前,先以文字相交,他为我撰写的第一篇文章是《蟋蟀盆换〈西厢记〉》,从文中得知这位上海市社联下属的某理论杂志负责人,居然是一位"玩虫高手"。

我在少年时代也养过蟋蟀,对这种好斗的秋虫颇有兴趣。我们因爱虫而结成文友,时有往来。维宪兄有许多写"斗虫"之妙篇,先后刊于我主编的《新民晚报》"花鸟虫鱼"版,并为众多读者所青睐。秋风一起,读者不见维宪兄写的"蟋蟀"文章,便有人来电询问,可见其文字之吸引人。维宪兄不仅撰写斗蟋蟀的长篇报告文学,还精于写有趣的斗虫妙文,由于描写生动、文字活泼、写斗虫场面之精彩,令众多"蟋蟀迷"大快朵颐。

近日,维宪兄一部写斗虫之著作《中华斗蟋潮》即将由上海书店出版社出版,责任编辑正是担任我小书的责编杨柏伟先生。因此,我得以先睹为快。

此书由报告文学、玩虫随笔与蟋蟀图片三部分组成,由于该书的内涵是"蟋蟀文化",这就与一般写蟋蟀之科普读物有明显区别。在近几万字的报告文学与特写中,作者生动回忆了斗蟋蟀这一民俗的由来已久,并生动描述了斗蟋蟀的各种精彩场面,以及斗蟋蟀的奇遇记。由于从"虫文化"的角度切入,让这些文字既充满了知识性与民俗性,又具有趣味性与可读性。我最欣赏的还是维宪兄撰写的那些饶有趣味的蟋蟀随笔,他写儿时捉虫之快乐,写月夜斗蟋蟀之奇观,写自己斗蟋蟀败走"麦城",到意外获胜。写他心爱的"大头紫鸡"、"小黑紫"、"黑和尚"、"黑蟑螂"、"血斑左线腿"、"淡紫披袍"、"紫三色"……单看这些蟋蟀的名字,就知道必有一段生动的故事。其中作者还曾为研究生上蟋蟀课,普及"虫文化"的民俗风情,这让我对长于博物的秦维宪兄油然而生敬意。而此书第三部分的蟋蟀照片,也让"好虫者"大饱眼福。

古人对"秋虫"很有兴趣,从《诗经》的"十月蟋蟀,入我床下"到杜甫、白居易、欧阳修、王安石、叶绍翁、陆游,他们都写到"秋鸣"之声,可见蟋蟀一直为诗人词家所喜爱。宋人贾似道还写了一本《促织经》,这些"蟋蟀文化"的记录到了民国之后,就很少有人去研究了(在"文革"时期,斗蟋蟀曾经被禁),而今天维宪兄把他多年撰写积累的文字,结集出版,诚为可喜可贺,这是一本喜欢"秋虫者"的有趣读物。

玩虫之乐,亦为人生之趣。维宪兄是一家杂志的主编,一位具有高级职称的编审,他在撰写、编辑论文之外,居然能写一些描摹蟋蟀的有趣妙文,以生动的可读性文字以飨读者,让我一读不放。读这本书,让我们的生活充满快乐与趣味。

曹正文
2015年6月30日
(本文作者系《新民晚报》高级编辑、上海作家协会理事)

# 自序

## 一

蟋蟀作为昆虫之王,其雄风浩荡、威猛壮烈不亚于动物世界的狮子王;耍斗蟋蟀作为中华之国粹、历史最悠久的民俗活动之一,伴随着人类度过了漫长的岁月。上古农夫在辛勤耕耘时,将蟋蟀视作识别节气的法宝,其最早被载入史册者,乃是成书于春秋中期的《诗经》,距今已两千多年矣!《诗经·豳风·七月》生动地描绘了小精灵随季节而变化的形象:"五月斯螽动股,六月莎鸡振羽,七月在野,八月在宇,九月在户,十月蟋蟀入我床下。"

然而,自从唐朝天宝年间,蟋蟀被人捕来捉对厮杀以降,其地位陡升,谱成了文人骚客抒发情怀、庙堂江湖凶残搏杀的双重变奏。

远的不论,单从改革开放三十余年国人玩虫的历史而言,其间演绎了几多人间的酸甜苦辣。每至秋兴,迎着猎猎凉风,无数蟋蟀横刀立马、驰骋沙场,其背后呈现千姿百态的社会万花筒。在这人虫弹冠相庆的非凡时节,蟋蟀经济仿佛嘹亮的军号,催促万千"虫迷"逐鹿中原、决胜黄河、饮马长江。自上世纪80年代初,政府开禁国人玩虫以来,已出版了几十种令人眼花缭乱的养虫书刊,包括翻印、翻译老祖宗的《虫谱》,从而普及了虫经,使南北"虫迷"大受裨益。

遗憾的是,多年来鲜见揭示玩虫之社会广角镜的书籍。其实,蟋蟀是众多动物中最富于内涵、最有写作价值的珍宝之一,其不仅关涉文史哲经,甚至覆盖人类学、社会学、心理学等等,谁能精心挖掘,当能使其再创辉煌!

下面,举中国悠久的虫文化之荦荦大者,来观赏蟋蟀的无穷魅力。

以文学而言,中国古代文人颇喜以蟋蟀之鸣叫,来抒发家国情怀、抒发悲秋的人世沧桑。最有名的是唐诗中借代蟋蟀,抒发游子乡愁的篇章,其中杜甫的《促织》写道:"促织甚细微,哀音何动人。草根吟不稳,床下意相亲。久客得无泪,故妻难及晨。悲丝与管弦,感激异天真。"白居易的《闻虫》则低吟:"闻蛩唧唧夜绵绵,况是秋阳欲雨天。犹恐愁人暂得睡,声声移近卧床前。"诗人从蟋蟀的鸣唱,引出羁旅游子的思乡情怀,令人惆怅。

而唐宋八大家之一的欧阳修在《秋声赋》中,更以晚秋悠长的虫鸣,融入自己的愁苦心绪,"欧阳子方夜读书,闻有声自西南来者,初淅沥以萧飒,忽奔腾而砰湃,如波涛夜惊,风雨骤至……但闻四壁虫声唧唧,如助予以叹息。"如此文字,活画出一位落魄文人的悲秋之情。

不过,古代文人中也有以欢畅的心情,描写蟋蟀之声的,如宋代诗人叶绍翁的《夜书所见》:"萧萧梧叶送寒声,江上秋风动客情。知有儿童捉促织,夜深篱落一灯明。"诗中将蟋蟀的天籁之音与稚嫩的童趣熔于一炉,令人产生无限遐想。

以史学而言,蟋蟀的搏杀,使人不禁钩沉出中国历史上合久必分、分久必合的金戈铁马、王朝更迭。吊诡的是,中世纪的几次社会转型,均与蟋蟀有关。有唐一代,在唐太宗、武则天开拓大唐帝国雄风、唐玄宗坐享"开元盛世"不久,当天宝年间李隆基同杨贵妃一浴华清池之际,蟋蟀被太监捉对厮杀了,斯时正巧发生了"安史之乱"。从此,唐朝乃至中国封建社会由盛转衰。

更有南宋蟋蟀宰相贾似道、南明促织首辅马士英一手导演了玩虫丧志,将大宋江山、南明政权拱手让予蒙古与满族铁骑的悲剧。

以哲学而言,蟋蟀之好斗、之残酷无情,完全相悖于中国儒家的中庸之道、温良恭俭让,倒是赤裸裸地体现了现代西方哲学中的极端思维。

蟋蟀每逢大将军"沙场秋点兵",便使我想起德国哲学家叔本华的生活意志论,他认为作为万物之源的意志,是一种无意识的意志,它的基本特点就是求生存,故称为"生活意志",也即生物所最珍视的就是其生命,只要求得生存,其他一切都可忍受;反之,其他一切就会失去意义。以蟋蟀之无情决斗、置之绝地而后生的天性,无疑论证了叔本华的命题。

更进一步,倘若蟋蟀往死里咬,不惜以命相搏,那就上升到了德国哲学家尼采的权力意志论,他认为从无机界到有机界,从动物到植物以至人,一切都是权力意志的表现。它们之间的关系是抗强欺弱的关系,强者永远依靠牺牲弱者而生存,它必然要征服、压迫弱者;弱者则妒忌强者、憎恨强者。由此引出他的超人哲学,"人是非动物和超动物;上等人是非人和超人。"这种淋漓尽致的等级观念,与蟋蟀世界中的等级森严、恃强凌弱,是何其相似乃尔!

概言之,蟋蟀世界所折射出的人类世界,是不是印证了英国生物学家达尔文"物竞天择,适者生存"的社会达尔文主义?

在上述学术平台上观赏、解剖蟋蟀世界,的确发人深省,如以与此相关的蟋蟀经济观之,改革开放以来众多赤贫农民、众多"虫迷"靠虫儿摇旗呐喊,艰苦奋斗,一个个搏成了长须飘飘的赵公元帅。

别的不说,我仅转引收藏界一则旧闻,足令世人大跌眼镜。据《新民晚报》2011年9月10日载,我国收藏蟋

南宋半闲堂款蟋蟀盆

蟀盆第一大将唐裕龙先生珍藏着南宋蟋蟀宰相贾似道的一只"半闲堂蟋蟀盆"，但缺一盆盖，其开价800万元人民币，向海内外征集那只"半闲堂浮雕蟋蟀盆盖"，然至今无果。至于明清与民国的蟋蟀盆、蟋蟀水碗、蟋蟀过笼、蟋蟀葫芦等等的价格，已升至成千上万、几十万元！当下蟋蟀经济之行情，于此可见一斑。

二

　　我自懂事起，将近一个甲子，与蟋蟀产生了不解之缘。记得三四岁时，父亲从他下放的南汇老港公社捕回几只蟋蟀，置于瓦钵中格斗，我望着小东西左冲右突，被咬出钵者，在大天井中连蹦带跳，直乐得手舞足蹈。以后我闻虫鸣而仰脖，惹得祖父母频频去新闸路张鹤年中药堂旁边的蟋蟀市场买虫，从而使我每晚聆听着虫鸣进入梦乡……

　　我诞生、成长的老宅，是建于民国初年，位于北京西路、南汇路界点上的英国古堡式大楼，呈现折衷主义风格，高3层（相当于如今的7楼），里面住了四十余户人家，以至涌现了几十名玩虫大将，也成了我玩虫的大本营。可惜的是，老宅已在2001年拆除。

　　7岁那年，正是国家三年困难时期的最后一年，逐渐从饥饿中走出的市民苦中作乐、玩虫雅兴不减，我偶然结识了两位隐士般的老先生，他们成了我的玩虫启蒙老师。一位是旧上海的老虫师——卖香烟老头，他的儿子是国民党的将军，解放前夕随军去了台湾。卖香烟老头一派儒雅，胸前永远挂着一块怀表，精致的眼镜后面，闪烁着慈祥的目光。一年四季，无论寒冬酷暑，每天清晨，卖香烟老头推着小装柜车，坐在北京西路口卖香烟，以此糊口。

　　然而，老先生是当时闻名静安区的老虫师，每年秋季，"虫迷"们络绎不绝地捧虫请他点评。我先是在旁边偷看偷听，时间久了，便与老先生交流自己的心得,他老人家发现我有这方面悟性,立马收我为徒。老先生不仅教我识别蟋蟀青、黄、黑、紫、红、白六大门类的秘诀,而且告诉我历史上著名的《虫谱》,诸如宋贾似道的《促织经》、明袁宏道的《促织志》、清朱翠庭的《蟋蟀谱》等;"文革"前夕还赠送我一只民国初期的"红龙盆"。这只老盆在1975年换了线装本《西厢记》。在我的青少年时期,凡是觅到好虫,便端去让老先生点评,由此不断滋生玩虫经。

另一位是住在我们老宅后二楼的唐老太爷,其祖籍湖北武昌,上世纪30年代曾获得武汉蟋蟀大赛冠军,故有"武汉虫王"之雅称。因唐老太爷的小孙子与我一样喜读古书,故我常去唐府,老太爷见我爱虫,非常欣慰,主动向我传授虫经。我至今还清楚地记得,唐老太爷双目如炬,摇晃着光脑壳,眉心一颗圆痣微微地颤动,伴随着水蛇般的手势,以一口纯正的湖北话讲授蟋蟀的优劣,比如他一再强调,蟋蟀要捕大的,小的坚决不要,从中引出"千军易得,一将难求"的古训。老太爷还用左手做出大

2004年10月,作者在上海七宝蟋蟀草堂为"虫迷"上课

虫张牙的姿势，彰显他当年的冠军如何一个"霸王举鼎"，将敌将嘴门撬翻的英雄史诗，然后仰天发出一连串苍迈的欢笑，宛若已逾千年的应县释迦塔上的风铃，在晚霞中悠然作响。

唐老太爷虫胆不小，在"文革"初期四处抄家斗人热火朝天之时，居然从雕花五斗柜里摸出一只清末的灰高盆，郑重其事地送我，表示对爱徒的一片拳拳之心。可惜，这只老盆在70年代初，被我小弟弟不小心碰碎了。在那难忘的玩虫年代，凡是我碰到无法鉴别的怪虫，便去向唐老太爷讨教，收获甚丰，虫经更上层楼。

人生如白驹过隙，半个多世纪流星般逝去，已步入晚景的在下，偶尔遥忆往事，耳畔竟会响起两位老太爷抑扬顿挫地吟诵清光绪年间蟋蟀盆盖上的歌诀声："白露至兮将军出，赤白黑兮紫黄青。闲暇时兮添水食，查虫谱兮辨声形。"恰似欧阳修在《秋声赋》中抒写草木被秋气摧败的悲秋之情，产生世事纷繁、人生苦短的况味……

我玩虫一路玩到1979年考入华东师大历史系求学，其间与许多大将军一见如故，乃至80年代中期，上海率先开辟合法蟋蟀市场，油然萌发了撰写玩虫文章的念想。

上世纪90年代至新世纪初叶，我双拳出击，既写玩虫大特写、报告文学，也撰短小精悍的斗虫随笔，不几年便被"虫迷"捧为"蟋蟀教授"。当时，我在中国最高级别的纪实刊物《报告文学》发表了京沪两地玩虫的中篇报告文学；在《世纪》、《上海滩》、《美化生活》等十几家刊物发表玩虫大特写。与此同时，也在《新民晚报》、《钱江晚报》、《劳动报》等发表玩虫随笔；众多文章被《作家文摘》、《文摘报》、《周末》、《羊城晚报》、《福州晚报》、《扬子晚报》、《山西晚报》、《法制日报》等几十家报刊转载，一时声誉鹊起。

然而，影响最大的首推发表在《新民晚报》副刊"夜光杯"、"花鸟虫鱼"、"上海珍档"等栏目上的玩虫文章。记得90年代中期，全岳春兄将我的《月夜捉虫记》发在"夜光杯"上，不仅拨动了众多"虫友"的心弦，而且远在美国的同窗也来电祝贺，更有我父亲捧读爱子奇文、欣喜若狂……

我有幸遇到了《新民晚报》主编"花鸟虫鱼"的著名作家曹正文老师，从而使我的玩虫文章达到了创作高峰。我于1995年秋向曹老师主编的"读书"版投了一篇《蟋蟀盆换〈西厢记〉》，很快发表，属于被他从来稿中发现的无名作者。曹老师师承复旦名师章培恒教授，不仅学富五车、著作等身，而且善于以"百科全书"的智慧，办出雅俗共赏的好版面。他主编的"花鸟虫鱼"丰富多彩，誉满海内外，其中刊登的玩虫之文，更是奇葩一支。每到秋天枫红谷黄，曹老师便会发出组稿令箭，吾等会摇秃笔的"虫迷"一一接下令箭，遂使版面添趣。他每次与我通话或面谈，总是强调短文难写，叫我们学习《古文观止》的先贤文笔。于是，我在曹老师的鼓励、指导下，写出一篇篇生动活泼的短小玩虫之文。这些跃然上阵的大将军，犹如古代战场上威震天下的楚霸王、樊哙、吕布、关云长、张翼德、赵子龙、李元霸、薛仁贵、罗成、伍云召、雄阔海、花和尚鲁智深、黑旋风李逵……抑或金庸、古龙、梁羽生笔下武功非凡的大侠。以致每刊一文，"虫友"便奔走相告，一个个来电通报，许多"虫迷"就等每周五黄昏"花鸟虫鱼"出版的幸福时辰。

特别是我发在"花鸟虫鱼"上的最后一文《"紫三色"返家记》，其情景

作者手稿

尚历历在目。时值2011年10月8日清晨,我在驰向南方的列车上发呆,忽然收到曹老师短信,告知拙作已编发,并表示祝贺。从中可见曹老师工作之勤勉,据说他有每天凌晨工作、读书、写作的习惯,几十年如一日,真是艰难玉成啊!

岁月匆匆,人人都是历史的过客。在三十余年的写作生涯中,窃以为写蟋蟀文章比较成功,常有结集成书之念。适逢上海作协的豪侠马尚龙兄牵线,使我与杨柏伟兄相谈甚欢,从而促成了出版《中华斗蟋潮》这桩美事。同时,承蒙曹正文老师厚爱,在百忙中为拙著作序,在此一并表示衷心的感谢!

玩虫之书虽稀,然其可为众多养虫之书锦上添花,希望广大"虫迷"和读者,能从中得到欢愉、得到享受、得到启示!也希望读者朋友们对拙著提出批评指正。

秦维宪

2015年6月18日

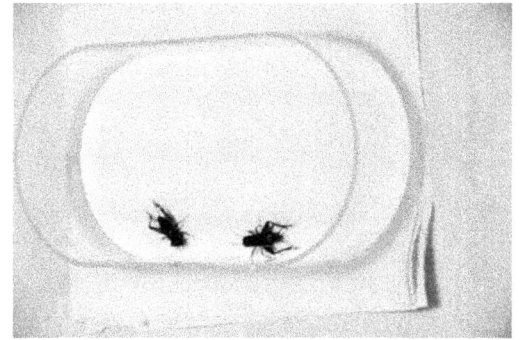

战斗开始

交口

抓猪猡

败将落荒而逃

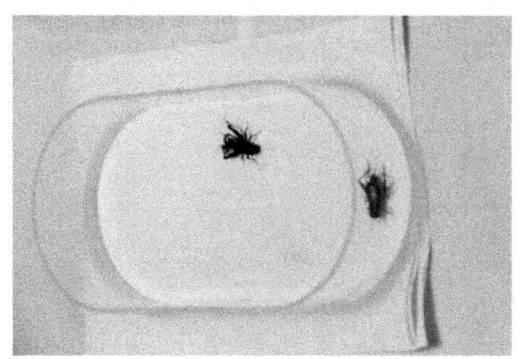

趁胜追击

败将跳出斗栅

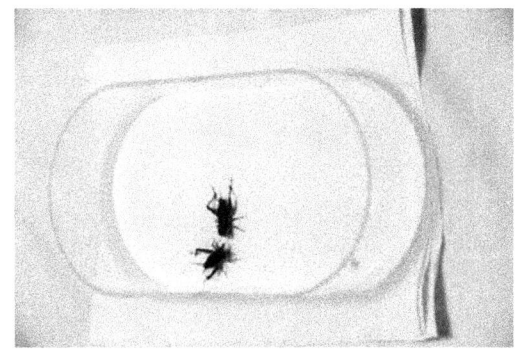

第二轮搏斗

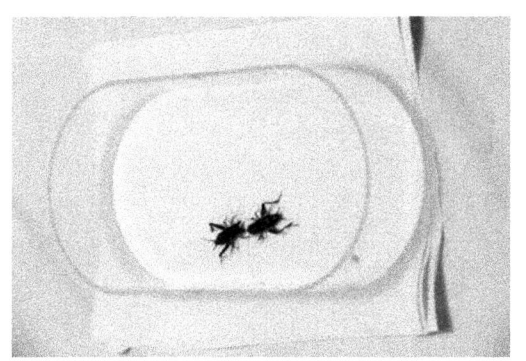

蓄势待发

重拳出击

# 蟋蟀大战备忘录

**题记**

中国人从西周起知道昆虫之王——蟋蟀,至今已历两千余年。历史车轮滚滚,至改革开放,在这"三千年未有之大变局"中,急剧的社会转型,使农耕文明的田园风光,在神州大地逐渐消失。为了忠实记录国人曾经的玩虫历史,本文依据当年采访的时间、地点,还原斯景斯情,而不作现代城市化的诠释,如上海七宝、梅陇、江桥、西郊等目前已变成水泥森林;读者欲了解人虫世界,请耐心赏析奇文……

蟋蟀,这可爱的小精灵,曾经给予东方文明古国的公子哥儿们几多乐趣、几多刺激。近年来,这些英勇善战、无所畏惧的斗士又成了人们发财致富,消闲娱乐的宠儿。每当秋风乍起、枫红谷黄之际,虫儿们仿佛听见了冲锋的号角,纷纷横刀立马、南征北战,把个金秋杀得狼烟滚滚。

## 第一章　蟋蟀经济

**蟋蟀市场南北呼应**

中国人玩蟋蟀历史悠久。《诗经·七月》最早记载了蟋蟀的行踪:

清末四马路

民国四马路

旧上海四马路(今福州路)蟋蟀小贩

1980年秋,黄陂南路非法蟋蟀市场聚有上千名"虫迷"

1980年9月,黄陂南路非法蟋蟀市场上聚众赌博

1983年秋,紧挨上海黄陂南路的江阴路花鸟市场上,大小"虫迷们"在挑选蟋蟀盆

"七月在野,八月在宇,九月在户,十月蟋蟀入我床下。"中古时期,这些小精灵是农夫识别节气的信号,正如古埃及人观察天狼星和尼罗河水位来鉴别季节一样,是古代文明的驱动力之一。蟋蟀也是文人骚客抒发情怀的天使,唐代武则天当女皇时,宫女们为减少寂寞,将蟋蟀置入小金笼中听其鸣叫,进入梦乡。白居易则写诗表达乡愁,"闻蛩唧唧夜绵绵,况是秋阳欲雨天。犹恐愁人暂得睡,声声移近卧床前。"然而,自唐朝天宝年间,蟋蟀开始被人捕来捉对搏杀,人类欣赏蟋蟀的内容发生了质变,即以虫作赌具。随着千百年岁月流逝,蟋蟀身价日高,近年形成的蟋蟀市场南北呼应,名扬中外,其中以上海和山东为最。

在旧上海,蟋蟀市场主要集中在四马路(今福州路)的东方饭店(今广东路口)处,当时数以百计的店铺、摊档吸引了许许多多游手好闲的阔少、小开、二流子和无业游民,号称东方一大景观。斗转星移,至20世纪50年代,自然形成的蟋蟀市场移至新闸路、泰兴路一带;"文革"初期,蟋蟀市场又移到人民广场西隅,后因"破四旧"被全部冲掉了。

1976年10月粉碎"四人帮"后,"虫迷"重振非法蟋蟀市场雄风,其中以上海黄陂北路为最,70年代末、80年代初达到高峰。

1981年9月初,金秋的暮霭款款掠过上海图书馆高耸云天的钟楼,倾泻在昔日宁静、整洁的黄陂北路上。此刻,除"虫迷"外,谁也不会想到,这儿竟是上海最大的非法蟋蟀交易市场。这狭小的天地间,人与蟋蟀一同奏响了嘈杂的乐章。

突然,随着一声尖厉的警哨,几百名警察和工纠队员,如旋风般直扑密密麻麻交易的人群。仅仅几分钟,蟋蟀盆的碎片铺满一地,断腿折翅的蟋蟀痛苦地蠕动着,它们的主人则挣扎着四处逃窜……

黄陂北路位于市中心,北接南京路,东临人民广场,交通十分方便。与之交叉的江阴路花鸟市场丰富多彩。数以百计的摊子,出售着蟋蟀盆、蟋蟀书谱、网、罩、水盂、蟋蟀草等玩虫用品。每年早秋,"虫迷"便愈聚愈多,直至交通堵塞。

马路两边,卖虫者排成一字长蛇阵,地上堆满蟋蟀盆,让虫客挑选蟋蟀。川流不息的"虫迷"手捏一根蟋蟀草,轻轻揭开盆盖,小心翼翼打草、听叫、看色,看中了便与摊主讨价还价。从早到晚,摊主的吆喝,"虫迷"的争执,蟋蟀的鸣叫汇作一片,此伏彼起。

这里像一个黑社会,三教九流纷纷登场。

镜头一:熙熙攘攘的人流中,几个虎背熊腰的大汉,拥着一名手托蟋蟀盆、风流倜傥、酷似香港影星周润发的青年,大摇大摆来回穿梭。那青年高声嚷嚷:"咬哦,咬哦,来头越大越好!"但没有一个"虫迷"敢与他们斗虫。这伙人显然是地头蛇,谁与他们打交道,非吃亏不可。

镜头二:靠近人民广场一隅,黑压压一群小孩围着两个衣衫褴褛、皮包骨头的少年。两个少年熟练地从破书包里摸出竹筒,将蟋蟀倒在网里按质论价。如果哪个小孩买虫出尔反尔,他们挥拳就打。我好奇地问他们:"小兄弟,你们什么地方来的?"不料他们竟圆睁双目,吼道:"爷娘离婚了,阿拉靠捉虫吃饭,管侬(你)屁事?"噢,原来是可怜的当代"三毛"。

镜头三:一个手捧蟋蟀盆的中年虫客,缓缓踱到一个摊位前,故作神秘地对摊主说:"我花一张分(10元)买了条大虫,赚了便宜货。"然后揭盖让围观者看。摊主鄙夷地一瞥,拿出一条小虫,"这条'小油黄'专斗大虫。"

"侬敢斗哦?"

"当然敢!如斗赢侬,两张分卖脱算了。不过先小人后君子,谁先押钞票?"一虎头虎脑的"虫客"被逗得心急火燎,赶紧掏出钱。结果,小虫张牙起叫,只两个回合,大虫便落荒而逃了。等买主喜滋滋离开后,这对用"贰先生"骗人的连档模子会心地笑了。

镜头四:一辆乳白色"大发"悄然停在十字路一边,车里钻出五六个青年,分头掩进蟋蟀市场汹涌的人流中。他们仔细观察行情后,又回到

"大发"旁交头接耳一番。随之,每人掏出红袖标往胳膊上一别,直向摊主扑去。他们先将一位老农民的摊子踩得稀烂,再团团围住一位少年,强行夺走他的十几盆好虫。少年急得嚎啕大哭,悲怆地哀求他们:"爷叔帮帮忙啊,我家里没有劳动力,靠捉蟋蟀吃饭啊!"

一个肥猪似的青年对准少年腹部一脚,骂道:"小贼,皮蛋要吃哦?跟我去联防队!"几位"虫客"赶紧护住少年,眼睁睁地看着他们钻进"大发"飞驰而去。一位老资格"虫客"顿足长叹:"这个小阿乡真倒霉,撞上了冒充联防队的流氓,被抢去的一只'金翅黑和尚'就值200元!"

镜头五:街心花园随风飘拂的柳树下,两位妙龄女郎举着一包蟋蟀,发出甜润的脆音:"有朋友识货哦?这是刚从杭州来的大虫。"她们身上劣质化妆品的香味,交织着人丛中的汗臭,悠悠地鼓荡着一些"虫客"的春心。他们一拥而上,竟趁买虫之机动手动脚。"都让开,阿拉全部包下!"随着一声猛喝,挤进两个港式打扮的汉子。女郎朝他们嫣然一笑,任他们挽着,走向秋色正浓的人民公园……

既然"虫迷"如潮,蟋蟀市场又潜滋暗长,规模甚盛。显然,单纯地驱赶、取缔并非上策。改革开放以来,政府有关部门,于1986年率先在上海东台路(现为文物市场)辟出蟋蟀市场。从此,开辟合法蟋蟀市场的消息,迅速传到了海外。1992年,市里又在文庙、旱桥、曹安路、昆明路等处开出若干蟋蟀市场,从而形成了以文庙为中心的庞大的玩虫网。

1992年因北方天气酷热,各地虫儿早于以往脱壳。刚到8月,上海百万"虫迷"已专心觅虫(全国"虫迷"达1 000万),故在原来几大蟋蟀市场的基础上,上海七宝、长桥、曲阳路、飞虹路等十几个合法市场又应运而生,其中尤以文庙移向南浦大桥的为最,高峰时人头攒动,虫声、人声如雷轰鸣。

我在各大蟋蟀市场浏览,发现虫儿一大半是从山东乐陵、宁阳、宁津,河北保定、沧州,安徽亳州、广德等地千里赴会,可谓"群雄纷起"、"英

1987年上海浏河路蟋蟀市场,右边虫迷欣喜若狂

1991年上海文庙蟋蟀市场,斯文扫地

1992年上海曹安蟋蟀市场，山东小孩响应改革开放号召，掀起市场经济浪潮

1992年山东虫王在上海曹安蟋蟀市场

才辈出"。

近年,以蟋蟀兴市是山东一些县的一道诱人风景线。如山东宁津虫以其体魄魁伟、牙齿坚利、斗性厉害,并多次获得国际国内大赛冠军而著称于世。由于蟋蟀使当地百姓脱贫致富,宁津县政府从1991年起,年年办蟋蟀节,招揽天下"虫迷",每晚电视上打出"让宁津蟋蟀走向世界"、"让宁津乡亲奔向小康"等口号。宁津县的各个乡几乎都设有蟋蟀市场,来自上海、北京、天津、杭州、南京、广州、深圳的"虫迷"川流不息,可乐坏了宁津的父老乡亲。

我在文庙蟋蟀市场采访了一位宁津大汉"小光头",他赤裸上身,喷着唾沫:"俺家乡以前那个穷哟,其他甭说,单光棍就成千上万啊!俺们耕田买不起牛,用的是自己的肩,凭这条谁家媳妇肯上门?"他抹掉一把鼻涕,脸色由阴转晴,"打后来不知怎地,俺们那块土疙瘩上出蛐蛐儿大将了。这不,俺们富啦,上海、北京、天津、南京、杭州、广州、深圳来俺家乡买蛐蛐儿的人,一年比一年多啦。'大将军'能换一头水牛钱哩!""小光头"说得兴奋,抽一口烟道:"俺年轻,仗着胆量来上海练摊,生意可红火哩。前天,福佑街一个老板盯了俺一整天,逼着卖给他一只已胜过5场的'红头大翅子'。唉——这小子像老狐狸一样狡猾,只肯出1 000元哪!"

除山东之外,河北沧州和保定、安徽亳州和广德、河南新乡和驻马店等地的恶虫也"横扫千军如卷席",杀得南方虫屁滚尿流。因此,在市场设摊的一半是外地农民;另一半为上海"虫迷",他们在北方出恶虫的地方建立了众多网点,不少人飞机往来,一次起码批进上千条虫儿,然后按品级选出体格魁伟、色泽光亮的精心调养,标上高价出售,真正的极品留着自己斗,作大赌注。

上海蟋蟀市场已成为外国使馆人员玩耍、旅游团参观的一档节目。一群美国人在文庙蟋蟀市场买了许多虫儿当场斗,当他们用录像机录下虫儿疯狂搏杀的镜头时,一个个乐得手舞足蹈。一位老头双手合十,翻着眼珠道:"Very good,中国的虫文化太神奇、太神奇啦!"

然而,上海的"虫迷"却对山东宁阳的蟋蟀情有独钟。他们认为该地的虫儿个头比宁津还大,且干老有耐力,当然价格也比宁津便宜。于是,十几万"虫迷"跳上北去的列车,发疯般扑向那无垠的青纱帐。仅1992年,上海"虫迷"就被山东挣去一个亿!

"虫迷"们在山东兖州下车,乘坐小面包车或拖拉机、摩托,先至潭村落脚,休息一下便直往泗店乡蟋蟀市场。这儿有数百摊位可让"虫迷"一饱眼福,虫价一般在3元至400元之间,极端的可卖到3 000元高价。宁阳、宁津等地政府知晓虫儿是个宝,故绝对保证各地"虫迷"的安全,"虫迷"只要在当地派出所登个记,付25元钱换一枚收蟋蟀的"牌照",那你尽管去各乡各村各户游荡吧。当"虫迷"望着宁阳上空翻飞的"中华蟋蟀第一县"、"中华蟋蟀第一乡"等横幅时,一个个乐得眉开眼笑。于是,他们每人每天仅花20元住宿费、20元伙食费,以及20元租一辆小三轮,便向那干裂的土地撒开大网。

尽管那里的蟋蟀市场并没有什么把顾客当作上帝之类的口号,但他们却在交易中着实领受到做"上帝"的风光。"虫迷"不仅在宁阳等地被保证安全,而且当地无论男女老少都会将"虫迷"像财神爷一样精心伺候。如果个别农民与"虫迷"争吵,当地派出所、联防队便会拿农民开刀,因为宁阳、宁津等地无数泥巴房屋变成

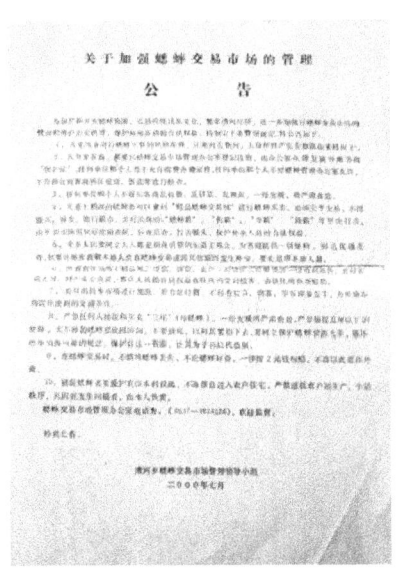

山东宁阳蛐蛐儿市场公告

二楼砖瓦房,全靠蛐蛐儿给他们带来了福,因而脱贫致富的农民是绝对不会惹"虫迷"生气的。

宁阳、宁津等地方政府由蟋蟀带来发展机遇,格外重视这一新的经济增长点,遂对江南作了调查研究,发现"虫迷"涌往齐鲁大地,盖因江浙沪等地滥施农药,以及疯狂地发展房地产使然。鉴于此,他们下令当地农民不准施农药、不准捉"秧子"(指赤膊蟋蟀),如此方能保护这奇怪的中华一绝世代相传。

"虫迷"觅到好虫,便开始胜似喂养亲生儿女般的精心哺育,诸如每天拎河水为虫儿洗澡,喂它们吃第一道露水,用井水洗盆,变着戏法请虫儿吃大米、菜心、玉米糊、板栗、蟹肉等,白露过后则每天用三尾子给虫儿结蛉。至中秋虫儿伏盆、拉干屎、抑或六爪临空,便可开斗。一些玩虫大户家里养几百盆虫儿,因实在无精力饲养它们,便在虫界找"蟋蟀保姆",一般月薪3 000元左右(当下已涨到6 000元)。"蟋蟀保姆"大都由下岗工人、无业游民、破产个体户,甚至外地农民担任,他们都懂得蟋蟀经,身体又棒,熬得了一天十几个小时的劳力,故供不应求。以致大户们发出"在上海找1 000个工人、1 000个保姆不费吹灰之力,而要觅一个称心的'蟋蟀保姆'却难上加难"的感叹!

我在蟋蟀市场采访,很少发现用虫赌博、"虫客"与摊主斗殴的现象,最多有少数"虫迷"看虫时蟋蟀跳掉,摊主要其赔钱而争执几句。总体而言,自开放合法蟋蟀市场以来,市场内的秩序较好,经营管理、税收等都上了正道。摊主每天只要上缴30元摊位费,就能安心做生意。据了解,每年在蟋蟀市场设摊的有下岗工人、外地农民、个体户、失业者等,其中不少人仅靠秋季两个月的生意,可以维持一年的生计。

**价值连城的恶虫**

蟋蟀市场上每天累计有几十万条虫在流通,1至10元的是卖给小孩玩的,一般花50元至100元可买到大些的草虫,这种虫只配给"虫迷"斗香烟和月饼。

而有身份的名虫则价格惊人,上海南浦大桥蟋蟀市场上赫然竖起一块块黑板,上有"金背紫三色"1万元,参观费10元;"黑麻头"8 000元,参观费5元;"金翅乌斑黄"5 000元,参观费5元;"大头红沙青"3 000元,参观费3元……其他名虫大多开价500元至2 000元之间。这些名虫经过"虫客"还价,大部分均被"伯乐"捧走。有一次,我在"金背紫三色"的摊档旁等候,先后有4名"虫客"参观,当老板小心翼翼地移开"老和尚"盆盖(好虫决不能养在新盆里),罩上网罩时,只见这条大虫金翅透明、头颅滚圆、六爪肥壮、蓝项起绒、全身一道紫光、双须舞着S形,在盆中缓缓蠕动,果然一条呱呱叫的"金背紫三色"! 最终因双方价格谈不拢,生意没做成。一周后再去市场,发现这条虫不见了,遂问老板原委,老板乐呵呵地说:"啊呀,上海人玩虫太精怪,不够模子,3天前'金背紫三色'被一位广东虫友买去了,他还连声说,值得、值得! 哈哈——"

一天黄昏,一位澳门"虫客"踱到曹安蟋蟀市场摊主老梁面前,他熟练地一个个揭盖打草,结果对那些标价300元至1 500元之间的"黄头白青"、"紫督"、"花项淡紫"、"真青麻头"等不屑一顾。老梁见这条"大鱼"不同凡响,便殷勤地上前道:"老板,真心要恶虫吗?"

"那当然,只要是极品,价钱嘛无所谓的。"澳门"虫客"潇洒地昂首答道。老梁大喜,立马从藏于柜下的牛津包里取出一只老"天乐盖"盆,揭盖显出一条尚未伏盆的"大黑紫",那虫儿在盆里来回穿梭,沙沙作响,紫光四射,瞧那威风赛过梁山好汉"黑旋风"!

澳门"虫客"定睛看了足足5分钟,才从兜里取出一只精致茨草筒,轻轻抖出一根水貂草,将"大黑紫"繁须一点,那恶虫即张开一对大红钳,一个劲儿向前猛冲,澳门"虫客"再连茨三圈草,虫儿杀性冲天,昂首发出"嘎嘎嘎"三声沉闷的恶叫。澳门"虫客"终于笑了,自言自语道:"不错、不错,还是一条'督'呐。"然后问虫价:"中,就这条,多少钱呀?"

"唉,先生,这条虫是我儿子从宁阳花大血本弄来的。"老梁眼珠一转,先叹苦经。

"要多少,爽气点嘛!"澳门"虫客"投去一个轻蔑的眼色。

"那就3 000、3 000元吧。"老梁是1991年头次设摊,尚不懂行情,其实这条虫在场子(指赌窝)里起码值6 000元。澳门"虫客"没料到对方开出这么个便宜价,他连忙从提包里点钱扔过去,大笑着端起盆消失在暮色苍茫之中。

一位沧州农民手持乡里开的卖虫介绍信,摆开十几盆虫,这些都是从无数蟋蟀中选出来的好虫,标价竟在100元至300元之间,半小时不到被"虫客"买得精光。最后,他怯生生地环顾四周,欲言又止。"虫客"见他留一手,纷纷催促道:"还有啥恶虫,让我们看看。"

沧州农民沉思片刻,才从旅行包底层取出一只小青盆,揭盖道:"这是俺今年逮的顶顶厉害的一只,2 000元吧。"众人望去,此虫头颅奇大,雪白的肉身沉沉地伏在盆中央,六爪叉开,仰望天空,原来竟是一条"猴子屁股青大头"!

"虫是不错的,但不知咬口凶不,能不能斗给我们看看。""虫客"们七嘴八舌,要挑这笔生意。

"那么先斗吧,俺赢了不收钱,只要蛐蛐儿卖掉得了;如果输了,俺当场踩扁它,怎地?"沧州农民绽开一口大黄牙,胸脯拍得山响。世上哪有如此便宜的事?3位"虫客"当场取虫入盆。"猴子屁股青大头"须触敌手,似蛟龙出海,前两条被它一两个"喷夹"咬得直淌珠水,落荒而逃;后一条"蟹壳青"交锋仅两口,竟被"猴子屁股青大头"一个"霸王举鼎",败将高悬半空,嘴门撬翻,惊得"虫客"们面面相觑。大家一窝蜂扑上去,都要买这条恶虫。这时,一个满脸横肉的"地头蛇"一声吼:"都给老子死远点,这条虫我买下了。"他上前一把揪住沧州农民道:"给你1 000元,算你福气。"然后,他取盆在手,仰天大笑:"1 000元算个鸟,老子有了这条恶虫,一枪就可以打回虫本!"

家住闸北区的陈啸虎随港商专程去山东收虫。港商怕下乡水土不服,吃住不便,便坐镇于德州的宾馆里。陈啸虎与一帮子捉虫大将怀揣重金,深入农舍挨户收购恶虫,一般以50元至300元即可收到大虫,如出500元,定能买到极品。这小子收虫后偷偷藏起几条恶虫自己斗,其余的让港商挑,剩下的拿到文庙蟋蟀市场出售。

一个周末,陈啸虎捧出一条"粟青麻头",开价3 000元,顿时引来几十名"虫客"。众人看罢赞曰,的确是条好虫,但标价太高,一个劲地杀价。陈啸虎愣头愣脑地拒绝道:"1分钱不还价的,啥人有虫咬得过它,兄弟出5 000元吃进。"

"侬说话要算数。"随着一声破锣也似的吼叫,一个脸上滚动着肉疙瘩的青年,从包里取出一只小红木盒子。陈啸虎定睛看去,认得此人乃南市区玩虫超级模子阿K,不禁浑身发毛,但为了争面子,遂答应兑现诺言。

时值傍晚,惨淡的夕阳笼罩着摊档,陈啸虎将虫赶入斗盆,那虫换了环境益显威风,双须舞动,缓缓爬行,浑身放射出耀眼的光芒,一颗青漆似的头颅微微摆动,令人产生敬畏之情。阿K不慌不忙,赶入盆中一条"玉顶",此虫头顶珍珠、双须笔直、六爪肥壮、肉身细白,入盆"气吞万里如虎",好像唐朝大将罗成。

两虫相遇,仅打了几只"滚夹","粟青麻头"便轻舒猿臂,将"玉顶"捉只"猪猡",死死揿于盆底。1分钟后,观众都认为"玉顶"必输无疑,谁料这畜生卖个破绽,假装被咬得半死不活,中途瞅个空档以迅雷不及掩耳之势,双腿同时发力,狠蹬敌手颈下,旋又翻身而起,一连几个"喷夹",把敌手咬得跳出盆外。随之,"玉顶"仰对苍天,高奏凯旋曲。

陈啸虎虽然输了,但他极为兴奋,爽快地掏钱,刷刷一数递给阿K:"朋友名不虚传,兄弟佩服、佩服!"接着如同捧五世单传的贵子那样,仔细欣赏恶虫,眼中射出贪婪的凶光。毫无疑问,这条罕见的"玉顶",将为陈啸虎生出极为可观的利润。

"虫迷"花高价从市场里买回恶虫,乃是"醉翁之意不在酒",其意是想靠这些小家伙一口咬出个百万富翁,从而使斗蟋热年年升温。

**蟋蟀研究会**

蟋蟀市场一开放,上海滩各路玩虫英雄豪兴大发,相继揭竿而起,成立了蟋蟀研究会、蟋蟀俱乐部、友谊蟋蟀协会等民间组织,网罗了几十万"虫迷"。其中尤以上海蟋蟀研究会名气最响,该会自1990年成立以来,既办沙龙、讲座、虫展,又打擂台、南征北伐,干出一番轰轰烈烈的事业。

设在东台路蟋蟀市场的上海蟋蟀研究会经营部,首先成了"虫迷"心中的太阳。

我多次去看经营部做生意,见他们柜台上仅放几十盆蟋蟀,无论土虫,还是杭虫、微虫、山东虫,凡属上品的价格均在100元至800元之间,且允许"虫客"还价。我问营业员:"你们虫价不贵嘛,一天做几笔生意?"

"当然不贵。"营业员答道,"我们是研究性质的,做生意目的是为了筹措活动经费。一天营业额大约在4 000元吧。"

"那么,'虫客'都喜欢买你们的虫,是吗?"

"是的,我们讲声誉,决不卖贰先生,已做出了牌子。"营业员眉飞色舞地说,"1988年,一位无锡老头花500元买去一条'海狮型暴项',所向无敌,夺得无锡、常熟、苏州友谊赛冠军!"

我们谈兴正浓,人群中钻出一位"小黑皮",掏出700元买去5条虫。营业员冲他说:"消息好,来打个招呼噢。"

仅过了半个小时,"小黑皮"兴冲冲赶来报喜:"今天福星高照,一条大徽虫发力凶猛,3口咬进200张(即2 000元)哪!"边上一"虫客"见营业部名不虚传,当即以800元挑走了3条大杭虫。

自然,上述一幕乃偶尔为之,研究会有严明的纪律,会员必须作风正派,有弘扬祖国虫文化的事业心,决不准赌博。而"小黑皮"之类认准经营部的蟋蟀过得硬,便钻了空子,这一现象正引起研究会的重视。

上海蟋蟀研究会举办的讲座,堪称天下第一。我曾听过不少名人讲座,但没有一场可与蟋蟀讲座媲美。

那是一场盛况空前的讲座。时值1990年盛夏,上海新华体育场内灯火辉煌,万人云集,许多"虫迷"甚至携着恋人,来此度过幸福的良宵。会场外停满了自行车、摩托、私家车,住家远的便雇了"的士"来占好座位,场内人多得如同蜂巢,连窗台上也爬满了"虫迷"……

讲座由上海蟋蟀研究会顾问火光汉、理事长边文化等虫界泰斗主讲。火光汉先生乃浦东南汇人氏,8岁开始养虫,14岁起跟随旅馆老板养斗蟋蟀,积累了半个多世纪的玩虫经验,雅号"虫博士"。火老健步登台,放眼大海波涛般的"虫迷",不禁心旌摇荡,他深吸一口气,放声道:"谢谢各位抬举,余虽不才,愿奉献一世心血,望笑纳!"他从蟋蟀五彩缤纷的青、黄、紫、黑、白、红六大类,讲到每个门类的品种特点;从蟋蟀的饲养调理、颜色变化,讲到各地虫质迥异……时而引证古虫谱、时而举平生所见之例,纵横交错,条理清晰。

边老年过7旬,早在童年便嗜虫如命,练就了双手同时捕虫、不伤枪须的绝招,号称浙江"虫精"。他集毕生玩虫经验,著有畅销书《蟋蟀选养与竞斗》。边老音色深沉,先向"虫迷"作个揖,然后从宋朝内府镶嵌八宝盆、大明正德盆,讲到如何用直桶厚壁搪底盆养北方虫;从古代宫廷斗蟋蟀,讲到当今人工培养蟋蟀……

他们的精彩授课,令会场鸦雀无声,"虫迷"或奋笔疾书或拼命心记。讲到高潮,年轻的"虫迷"忘乎所以,跳将起来喊叫"杀根,杀根"!"扎劲,扎劲"!

讲座主持人见群情激奋,趁机加温:"同学们,你们如有疑问,请向老先生讨教。"

"虫迷""嗖"一下站到椅子上,朗声问:"蟋蟀什么时候开斗?"

火老笑答:"拉干屎即可开斗!"全场掌声雷动,香烟如机枪子弹射向台上。

"怎样鉴别恶虫颜色?"

"底色浓者为上品!"

"虫迷"们热度已超过了盛夏最高气温,上蹿下跳,连连狂呼:"老爷叔懂经!""哗"地拥向台前,潮水般争先恐后地请火老面授绝技。

如果说讲座只是对"虫迷"作理论指导,那么办名虫观摩,则有益于增强"虫迷"的感性认识。

1995年10月4日至6日,上海蟋蟀研究会在龙门文化站举办名虫展览,引起虫界巨大轰动。数万"虫迷"蜂拥而至,对五十余条名蟋蟀品头论足,悉心研究。许多初涉蟋坛者,拿着讲义,逐条对照,那神态与陈景润演算"哥德巴赫猜想"八九不离十。有的喟然叹曰:"大开眼界啊,现在我总算弄清楚真青、白青、重青的区别了!"有的击掌叫绝:"哎哟,'白漆头'原来是这样的!"

上海电视台、各大小报刊、日本广播协会闻讯前来采访、录像,将这档史无前例的新闻,迅速传播到大上海的每个角落。因虫展时间太短,大批"虫迷"无缘一饱眼福。文化站门口人山人海,强烈要求延长展览时间,以后再办。

于是,经过一番紧张的筹备,上海蟋蟀研究会又在上海美术馆举办了大型名虫展,盛况空前。展览规模之大,令十几万"虫迷"叹为观止。展室分资料、古盆、竞斗工具、手工艺品等。数百条全国各地名虫按地区分馆陈列,恶虫像磁铁般紧紧地吸住如痴如醉的"虫迷"。上海蟋蟀研究会筹备虫展,可谓呕心沥血,单一次派往山东乐陵收虫的会员,就达80人!

然而,如此规模的名虫展,对逐年增多的"虫迷"来说,仍是杯水车薪。最后一天晚上,展览会停止售票,激怒了上千人。他们冲向门口,挥拳吼叫:"办下去,办下去!""即使你们门票翻5个跟斗,老子也要看!""芝麻,开开门吧!"结果黄浦分局开来大队民警,才平息风波。

最销人魂魄的,则是1991年在沪西体育场举行的维力多——济公杯蟋蟀大奖赛。

这是上海自1950年起,中断40年的蟋蟀擂台赛。参赛单位有北方劲旅北京队、天津队、安徽队,南方生力军上海蟋蟀研究会、上海蟋蟀俱乐部、江苏队、浙江队等。10月9日,大赛拉开帷幕,无数"虫迷"奔走相告,通宵排队购票观赏。初赛阶段门票每券10元,仅能满足20%左右的"虫迷"需要。经过初赛和复赛,上海蟋蟀研究会与北京队力挫群雄,进入决赛。

北京为中国六大古都之首,金、元、明、清、北洋军阀建都于斯。无论宫廷,还是民间,历朝以京城为斗蟋蟀中心,历史相当悠久。80年代,北京龙潭庙举行过多次擂台赛,蟋台高手东西南北,名声显赫。这次,他们带来了"三王十八将",志在夺冠!

10月11日晚7点,决赛开始,门票每券15元,黑市票高达每券80元!赛场内,人头如蚁;场外,吼声如雷。恶虫决斗场景,通过闭路电视现场直播。

小小盆钵里战云密布、战鼓紧擂、生死拼搏,惊心动魄!

双方出场7对大将,条条昂首挺胸斗志昂扬,"气吞万里如虎"。最关键最激烈最扣人心弦的一局,由上海蟋蟀研究会的老将"黄一线"与北京队一号种子选手"白牙青"决雌雄。

由监板(裁判)一声令下,恶虫以饿虎下山之势抱作一团,十八般武器一齐上,狠咬7分钟。"沙—"一道寒光,"黄一线"左冲右突,锐不可当;"白牙青"后退几步,置之死地而后生,猛一声恶叫,用"链条箍"摆脱困境。双方开始"盘夹"……战斗持续11分钟！观众个个看得目瞪口呆,间或有人叫嚷:"精彩,精彩!""过瘾,过瘾!""票价再贵也值得!"

11分钟后,"白牙青"狠狠发力,双方均往死里咬,简直杀疯了。当恶虫以"飞叼"凶口,4条大腿交错撑起,又绞作一条横线时,观众无不心速加快,一些小姐女士看到惊险处竟发出了骇人的惊叫声。整场战斗25分钟,双方打出一身浆水,最后"白牙青"败北了还仰天张着牙。一观众痛惜"白牙青"出征,更看上了它那"何须马革裹尸还"的视死如归气概,竟以价值1 500元的上等画眉鸟换下它。可惜第二天,"白牙青"终因伤势过重而亡;"黄一线"经此恶战元气大伤,不久也仙逝了。

最后,上海蟋蟀研究会以5∶2胜北京队。全场起立,长时间鼓掌、欢呼;上海蟋蟀研究会出场蟋蟀的主人,手捧爱将,心潮起伏;上海蟋蟀研究会代表高擎金光闪耀的冠军杯,绕场一周。此刻,只有他们心里明白,这殊荣的背后,是一条多么崎岖、险峻的山道……

上海蟋蟀研究会等组织的成立,对正确引导"虫迷"健康地玩虫,抢救濒临失传的虫文化,维护秋季社会的安定,无疑大有裨益。对此,上海市体委给予大力支持。但是,面对"在朝"的蟋蟀司令部,那些"在野"的虫界斗士们,是不甘默默无闻的。

**"业余蟋蟀大学"**

每当夜幕降临,一些昏了头的"虫迷"像久别重逢的情人那样,久久地聚在蟋蟀市场的柜台旁,交流玩虫经。"虫迷"们戏称这儿是露天"大学",学生无须交费,便能学到弥足珍贵的玩虫秘笈。

"咳咳——"随着一阵秃鹰般的干咳,余"教授"叼着香烟登上"讲台"。他年近花甲、脸色蜡黄、背似驼鸟、不修边幅,素称"养虫大师"、"江南草王",在上海滩久负盛名。

"白相虫嘛,关键是养。"余"教授"吸足烟,精神亢奋,小三角眼射出凌厉的目光。"俗话说,三分虫品,七分养功嘛。"

学生们立即聚精会神,聆听导师的谆谆教诲。余"教授"伸出手指道:"第一步,千方百计觅大虫,要有魄力去荒山野岭、蔬菜大田,听声音捉虫。叫声刚猛深沉,叫后戛止的为上品。头大项阔的,咬口凶狠;色泽纯正,先天优良;顶线清爽、肉身细洁的,强悍劲斗;六爪圆长、体型阔厚的,格杀灵活。凡是这类大虫,全部入盆。记牢,早秋入'黑和尚'盆。"他伸出第二根指头,"第二步,用露水替虫洗澡,喂新鲜菜心,让虫肚子拉干净;天天要洗盆,晒会儿太阳,保持'居室'卫生,虫就能定色。"他又伸出一根手指,"第三步,白露一过,每晚落三尾子给虫结蛉,最好能弄到'金枪三尾',这是'皇后',骚劲足。中秋节花好月圆,看虫老辣,等它六爪临空,就杀出去。千万记牢,嫩虫不能咬,咬掉牙浆就成了废虫!"

余"教授"接过学生递过来的一支烟,诡谲地笑笑:"不过,打草的功夫深得很喔,首先要陈年老鼠、黄狼、小貂、串心,高级象牙草……至于茭草嘛,哈哈——"

别看余"教授"神采奕奕、谈笑风生,了解他的人都知道,他玩物丧志,曾到过地狱的边缘。1991年国庆,他侄子结婚,在新雅饭店摆下盛宴,黄昏时分他急匆匆叫了一辆"的士"赶去。小车才开出一程,他猛地想起深夜有场大战,几条恶虫还没有下三尾子,遂大叫:"下子,下子!"不等停车竟拉开车门往下跳,被后轮一压,头重重地磕在水泥地上。很不幸,"江南草王"被压断了3根肋骨,磕掉一口大黄牙。当他被送往医院抢救途中,还一个劲地呼唤:"卜子,卜子……"

现在,余"教授"装好假牙,重振雄风,玩虫雅兴更上一层楼。2000年早秋,百货个体户"小兔子"花4万元,去山东购回几十条恶虫,慕名拜余"教授"为师,将虫儿全养在他那儿。余"教授"得意地宣称,他玩了一辈子虫,今年虫品最佳,赢钱已不够刺激了。他准备抛出重磅炸弹,在10月中旬举行的上海金秋蟋蟀大奖赛中坐第一把交椅,流芳千古。

余"教授"刚刚讲毕,骤然有人高声喊道:"'校长'到!"灿烂的星光下,两名学生扶着一白发老翁蹒跚而来,众人放眼望去,只见那被称为"校长"的红光满面,着一身黑绸衣,发出猫头鹰似的怪笑,那嗓门就像《茶馆》里的庞太监,令人毛骨悚然。

"校长"欠欠身,马上就有声有色地向众人描绘了一幅旧上海的玩虫图:"嘿嘿,不瞒各位小阿弟,我以前是住在西浜的小瘪三。后来白相虫,才交了好运。记得'七七'事变前一年,我在万国公墓捉牢一条'猴子屁股',扫平了兆丰公园(今中山公园)。不巧风声刮到杜老板(杜月笙)大徒弟'独眼龙'耳朵里,他差了两个小白相人来'借虫',我苗头一轧,亲自送货上门。"他颤巍巍地做了一个献盆的姿势,雪白的寿眉微微地颤动:"'独眼龙'非常开心,称我是'孝子',天天带我去四马路场子里咬虫,光洋赢了交交关!"说到这儿,"校长"兴致极好,一下从藤椅里撑起,大声说:"当时四马路虫摊多极了,摊摊都是赌台。不过,大赌要到东方饭店、大陆饭店。嘿嘿,我这只'猴子屁股'一进场子,只要几口,阿拉就成了洋场阔佬。出场子后,阿拉先到杏花楼开庆功宴,再去百乐门(旧上海著名舞厅)嘣嚓嚓,晚上去泡惠乐里长三堂子(旧上海高档妓院)。嘿嘿,我这辈子风流够了!""校长"声情并茂,嘴角淌下成串的哈拉子。

"校长"又仰天跌入椅中,宛若沉入幸福的海洋,他指着心口道:"我……终生难忘的一件事,是'独眼龙'领我去见杜老板。他……他老人家请我吃了燕窝哪!"

一个长着小耳朵的学生向"校长"点头哈腰后,放肆地交"作业",他说:"我只认钞票不认人,斗虫专门斩'洋葱头'(傻瓜)。绝对不去场子,省得用天平秤称虫。我最近弄到一条'蟹壳青',每次出场前就用六七只三尾子给它结岭,将虫做小。"他高扬巴掌,哈哈大笑:"等虫入盆,一口下去肚子打出来,肯定超过对方,哪能不进分呢! 现在已打了9上风,赢到15 000元!"

一个秃顶学生先骂一大串脏话，再吐心中苦衷："我家里喂了百把盆虫，条条是上品，每天下班服侍这些小祖宗，要到深夜才喘口气。唉，我那个臭老婆偏偏反对我白相虫，昨天敲碎了我一只老盆。"他突然捏碎香烟，恶狠狠地说，"我马上用烟屁股烫她脸孔、警告她，虫是我命根子，我宁要蟋蟀，不要老婆！"

"秃顶"瞪瞪眼，稍停后狞笑道："她倒威胁我，说要喝敌敌畏。哼，她死了我正好讨年轻的小阿妹。现在嘛，我只要出一条大将军，不怕袋袋不胀。等发了财就叫部叉头（轿车）去卡拉OK溜溜，弄只条杆（腰身）挺括、face（脸孔）漂亮的'鸡'（暗娼）白相相！"说毕，他和全校师生发出一阵淫荡的浪笑。

学生的"作业"不一一赘述。那些缺乏良好教育、素质极差的"虫友"，在这狭小的"课堂"里淋漓尽致地撕掉了人皮。虚伪、欺诈、残酷、淫荡、贪婪……像成群的阿拉斯加饿狼，向圣洁的人性扑去。

奔腾的历史长河，并未涤净人类身上的污秽，极其顽固的封建社会恶少作风，诸如对金钱的肆意追逐、臣服权威的奴性、欺凌妇女的恶习……在这片古老、贫穷的土地上，在鲜灵灵跳出的蟋蟀身上又开始死灰复燃。

## 第二章　蟋坛逆流

**愈演愈烈的捕虫风**

自中国打开了沉重、锈蚀的大门之后，市场经济的浪潮冲决了小农经济的堤岸，当人们发现蟋蟀是赵公元帅时，大批"虫迷"趋之若鹜。癫狂的捉虫大军，浩浩荡荡奔向广阔的田野。田野里生长着的绿色希望，在野蛮的脚步中纷纷凋落。

1989年初秋，"台风"中心提早形成。7月30日以后，一批批"虫迷"

便夜袭七宝、三林等乡,他们探石挖穴,踏沟钻渠,疯狂扫荡瓜棚豆架、青苗蔬菜。立秋那天,"虫迷"们好似听见了接力跑步赛的发令枪声,上至6旬老人,下至初中学生,以青壮年为中坚,几乎倾巢出动,杀向四面八方。去杭州、安徽、山东等地觅伏虫的"虫迷",潮水般涌向售票处、涌向火车站,吓得火车站票房车间的工作人员手足无措,哀叹:"看到他们就心惊肉跳,怎么像蝗虫一样啊!"

上海各报及电视台发出警告:仅七宝沪星村,一晚就被50多批"虫迷"毁坏30亩冬瓜地。一位乡干部愤怒地说:"去年捉蟋蟀有两大特点:一是成群结伙,菜农力量有限,欲管不能;二是凶狠亡命,我村一个50多岁的干部才劝说几句,就被捉蟋蟀的人捅了两刀!"

8月25、27日,我乘车去七宝、江桥实地察看,只见沪松线上从二号桥向西,北嘉线上绿杨桥向北,放眼望去没有一块菜田不遭到破坏,白天田里尚有数不清的"虫迷"在挥汗战斗,且不说晨昏暮黑了。在江桥镇,一位老农气呼呼地向我一摊手,大声说:"太可怕了,伲村里猪猡棚都撬翻了十几只啊!"

当年,我在文庙蟋蟀市场采访了几员大将。

拥挤不堪的人流中,摇摇晃晃走来一个眉毛稀疏、微睁吊皮眼、鼻子歪在一边的小醉汉。众"虫迷"顿觉眼前一亮,上前拍拍他的肩说:"'野污弹',这几天捉牢恶虫哦?价钱好商量。"敬畏、羡慕、嫉妒的目光,闪电般扫来扫去。要知道,"野污弹"12岁就浪迹天涯,曾因偷自行车去郊外捉蟋蟀,尝了两年少教所的滋味。近年来,年近而立的他又足踏江淮,北伐齐鲁,横扫大上海的广大乡村,可是赫赫有名的捉虫状元哪!

吴县,几声犬吠,划破了夜的静谧,银光闪闪的阳澄湖畔,一片墨翠的竹林里一群"虫迷"正刨根掘土,拔去青竹,好多蟋蟀一条条落入"法网"。蓦地,一个"虫迷"发出骇人的惨叫:"我叫毒蛇咬啦!""野污弹"吓得撒腿就跑,谁知黑暗中竟跌进一个大粪池,浑身上下爬满了蛆。他高举蟋蟀筒,艰难地爬出粪池,然后一丝不挂地跳进河里。被蛇咬的那个"虫迷",由几个同伴抬出竹林,已是满头虚汗,呼吸急促,腿迅速肿得像铅桶。更深夜静,"虫迷"们束手无策,只得去敲农民家的门,询问了乡卫生院的方向,急送他去,但为时已晚。一个年纪轻轻的虫界"后起之秀","出师未捷身先死"了。

事后,"野污弹"吹嘘:"这是'竹叶青'蛇,实在太毒,我只好逃。上次在安徽阜阳,我搬开一块大石板,看到一条大虫粘在蝮蛇身上。我抽出刮子(三角刮刀),"他仰天划了一个漂亮的弧形,"一刮子杀掉了蛇,可惜虫逃了,真倒霉!"

绍兴,书法圣地兰亭附近的坟山里,磷火在杂草间飘忽,"野污弹"等狠命地扒坟山的砖石,聚精会神地捉"大将军"。消息传到村里,几十个农民打着电筒,去捉扒他们祖坟的恶棍。阴森森的山上,两军对垒,相持片刻,"野污弹"高举一截大树杈狂嚎:"啥人上来,打死啥人!"双方战成一团。"哗——""野污弹"手上划开一道口子,他一挥血淋淋的手掌,又一次拔腿逃窜,翻过两座山头,窜进邻村一个猪圈才侥幸逃脱。

上海七宝,长势丰茂、菜香四溢的田野里,黑压压的"虫迷"大把大把地拔菜、拆篱笆。一大凌晨,"野污弹"听见一只大粪缸下面,传出洪亮的大虫鸣叫声,他拎起一块大石头砸坏了缸,放光粪水,掀起粪缸,在朦胧的曙色下,套住了一条"金背三色"。这条恶虫,居然使他一年里吃穿不愁。恶虫死后,他还举行了隆重的安葬仪式,选个黄道吉日,特意去玉佛寺为爱将超度亡灵。

"啥人咬过我这条'白黄竹节须',我跪下来叫他亲阿爸!"随着文庙路口一阵瓮声瓮气的自吹自擂,一个理"爆炸式"头、长鹰钩鼻子、眼露凶光的瘦高个闪将出来。我正觉好笑,几位"虫迷"却对他肃然起敬,虔诚地告诉我:"他是杀狗大将'阿七头',家里恶虫多着呢,连'野污弹'也让他三分!"

这小子原是"山上"下来的"色狼",后来调个花腔,秋天专事捕虫,乃蜚声虫界的"拼命三郎"。1988年以来,郊区农民因实在不堪忍受"虫迷"毁田,成立了治安队,牵着狼狗巡逻。

"阿七头"对此不屑一顾,磨亮一柄乌钢刀,率领一帮虾兵蟹将,偏向虎山行。8月中旬,"阿七头"在4号桥首次行凶。等狼狗嚎叫着窜入田里时,他猛然跃起,圆睁血眼,对准狗的胸口连捅3刀,杀得狼狗厉声惨叫,倒于血泊之中。治安队员误以为狼狗伤人,一窝蜂冲入田里。这些老实巴交的农民哪见过如此场面,顿被满身污血、双眼如恶狼、高擎乌钢刀的"阿七头"吓傻了。领队的发声喊,大伙逃得精精光。

这以后,"阿七头"吃了豹子胆,又连杀几条狗,出入田野农舍,竟然如入无人之境。骁勇善战的蟋蟀,也许最崇拜这位"英雄",竞相投到他的门下。

不少摊主告诉我,每年秋天,通向江、浙、皖、鲁、豫等地的火车沿线上,到处可见捉虫大军。列车夜行时,你凭窗望去,大量手电筒在铁轨旁闪闪烁烁,如同神话里巫婆点的鬼火。有些家伙还敢撬枕木呢。更有甚者,有的"虫迷"动用公家小轿车,开向希望的田野。

大自然中自由自在的蟋蟀,自落入"虫迷"掌心便失去了平衡。人也失去了平衡,被蟋蟀抛向行尸走肉的市场、抛向欲望的峰巅。

## 摊主众生相

假如玩蟋蟀仅仅是亲朋好友围观小虫捕杀,以寻求刺激或排遣寂寞,那还算继承了中国古代文明的遗产,偏偏这年头,蟋蟀被千百倍地染上了铜臭,驱使难以计数的"虫迷"加入这一奇特的流通领域。

"一切向钱看"的摊主,个个都想闷头发大财。

他们都是些什么人呢?我们仅以文庙蟋蟀市场为中心,作一番探访。

一是个体户。他们大部分是吃过官司的,因其不光彩的人生经历,往往对蟋蟀有特殊的感情。虹口区个体户"烘山芋"紧锁倒挂眉,放开破锣似的嗓子:"哼,世界是残酷的,就像虫世界一样,充满生死搏斗。我来卖虫是为了搏回点去年输掉的本钱,寻点刺激,最好能刮几枪!"

原来"烘山芋"自小玩虫,从赌棒冰发展到大赌。1990年,他觅到7盆恶虫,被一伙"老侠客"(老流氓)诱去斗虫。聚赌前,"老侠客"们设宴款待他,将他灌得烂醉如泥,耍了个"狸猫换太子"的把戏。"烘山芋"酒醒后,去找"老侠客"算账,反被他们奚落一顿。于是,他恼羞成怒,当夜持刀连伤3个"老侠客"被判刑8年,押送青海。服刑期间,他父母双双气死;刑满后,他又斗虫输掉辛辛苦苦赚来的2万元。从此,"烘山芋"本能地将达尔文"物竞天择,适者生存"的生物进化观点,贯穿于社会生活的方方面面,这种人卷入市场,岂有安分之理?

二是工厂青工。他们受"国营不如集体,集体不如个人"的思潮影响,认为窝在厂里收入太少,不如趁着年轻,做做虫生意,既可玩虫消遣,又能赚钱,实在是一箭双雕的好营生。他们不是混病假,就是旷工,有的干脆辞职。几位老旷工的摊主聚在一起说:"现在有些政策等于屁,工厂规定旷工15天就开除,但哪家工厂照办了?"近年市场疲软,不少厂发生危机,青工们更是称蟋蟀为会叫会跳的奖金。

三是农民。他们见区区小虫有利可图,遂摇身一变成了捉虫专业户。浙江余姚农民老梁说:"我们乡下地少人多,大家总要想办法呀。这几年蟋蟀突然吃香了,乡政府特意开了介绍信,叫我们去上海卖虫,其实我们都批给上海人,交易市场就设在乡政府对面。"他点燃一支烟,自豪地挺挺胸:"我因为信息灵、胆子大,独闯上海滩,已赚了2万元!"上海七宝一些农民,将田间活儿雇给大别山区的农民干,自己却捉虫去市场卖,他们托蟋蟀的洪福,盖起了舒适的楼房。

四是待业青年和下岗工人。上世纪90年代初,工厂实行合同制和优化组合,相当一批青年成了游手好闲的浪子,有的去做无证摊贩,卖外烟和水果;有的便加入"虫迷"行列,来市场占个席位。我采访了一位侏儒,他年近而立、头大如常人、身躯极短、两条罗圈腿更短、身高仅一米多,好像武大郎转世。他抖着蟋蟀网说:"我中学毕业后就做'社皮'(社会青年),一直没有单位要。爷娘老了,我哪能心安理得吃他们的退休金呢。生活逼我来卖虫,我有啥办法呀。我体质差,捉不来虫,只好转批人家的落脚货,卖点小价钱。"他搂着旧书包,迷惘地仰望苍茫的天空,嗫嚅道:"要是哪天我找到工作了,决不再来卖虫!"

五是少数青年知识分子和学生。一些在读研究生,视卖虫为勤工俭学,积极筹备上大学生俱乐部、为女友买化妆品、聚餐、旅游的资金。大批中小学生穿梭其间,乐此不疲,他们是市场强大的后备军。我的邻居小宝,是他驼背母亲的心肝,因连年留级,至今仍在读初二。1989年以来他全身心扑进蟋蟀圈,逃学去乡下他父亲处捉虫卖,生意不错。

随着蟋蟀市场逐年增多(21世纪初全市约几十个),虫客也水涨船高。为什么有那么多"伯乐"不惜血本,重金去购"千里马"呢?

他们究竟要干什么?

**警方狠杀豪赌风**

动物世界善斗者颇多,诸如斗牛、斗鸡、斗黄腾鸟、斗古巴子鱼,但均不如斗蟋蟀精彩。蟋蟀只要将遇良才,双方必往死里斗,其厮杀之惨烈、残酷令人毛骨悚然、惊魂失措。蟋坛有句名言:十养九赌。尽管斗蟋聚赌比古罗马贵族以奴隶角斗作赌具文明,但同样是泯灭赌徒良心的陷阱。

上海每年从早秋至霜降,甚至大雪纷飞的除夕,小巷、住宅、楼堂馆所,常见以虫聚赌者。一般的小赌不值一提,而那些超级"虫迷"非赌几万、几十万元莫属。近年,上海警方为维持治安,破获了多起斗蟋大案。

1999年10月,海防路一个"虫迷"将自己的家作"场子",他从中抽头,一时各区赌徒闻讯而至,把个仲秋斗得天昏地暗。水产个体户"老鹰"打听到济南4个区,即将举行金秋斗蟋友谊大奖赛,连忙请了两位玩虫老手飞往济南。3天后,"老鹰"花15 000元买下两条大奖赛的得胜"大将军"。他们返沪后,即捧了一条"红沙大青翅",赴海防路场子与上海滩养虫老手章卡勒一决雌雄。

　　那天晚上,"来宾"们饮过香茗,双方开始出场恶虫。章卡勒出场一条"重牙黄麻头",此虫乃蟋坛怪杰,有4颗红牙,一进斗盆便挥动文武须,在盆中连爬三圈,好像伟岸的南京中华门。"老鹰"的"红沙大青翅"看上去尚未伏盆,在盆中沙沙乱窜,无数暗红的金光闪闪烁烁。章卡勒见状暗暗好笑,心想稳操胜券了。双方本赌2万元,帮分者(指拖在后面互相加码)28万元。

　　两虫吃草鸣叫,斗性十足,长着一张刀子脸的监板猛停"黄狼草",厉声宣布:"将军八角、开闸、交口——"

　　平地雷霆一声响,两条恶虫均以饿虎扑食之势滚作一团。赌徒们以为这场恶斗一定精彩。谁知只3个回合,"红沙大青翅"运足丹田,一个侧击,旋一口咬紧敌手,一个"黑虎掏心",把"重牙黄麻头"肚子咬裂,珠水淌成一串。"红沙大青翅"松口后,那条怪虫疼得头直往盆边撞,章卡勒气得脸色灰白,差点昏死过去。

　　这个场子连日聚赌,引起警方的注意,当警方获悉那晚将有豪赌,便悄悄调集警力,把该住宅及弄堂口处团团包围。正当双方赌徒结算现金,准备第二轮血战时,猛听得一阵尖厉的哨子声,十几名警察冲入屋内,将赌徒一网打尽,堂主及赌徒受到判刑、劳教、治安拘留、罚款等惩处。

　　1998年10月,上海淮海中路一幢花园洋房内,人影闪闪,二十几个大款分乘"皇冠"、"奔驰",从各处前来聚赌。这是上海滩千载难逢的恶虫鏖战。先出场的"大将军",赌注均在万元左右,算是为大决战拉开序幕。最后出场两员"大元帅",赌注总数飚升到150万元!

A方出场主帅乃安徽亳州郊外的坟山恶霸"金顶粗眉毛",此虫珊瑚头上金珠一颗,闪闪发光,遍体像古徽州宣纸;肉黄起绒,恰似湘西土匪头子脸上的粉刺;六爪肥壮、白净、奇长,一副象牙红钳,双须挥动之快,宛若暴风骤雨前的闪电。

B方出场主帅为山东宁津百年老屋墙沿里的"长衣红牙青",其乃青门一级大将,身如橄榄、虎背熊腰、绿叶般的青衣微微发光、肉身细白,六爪滚圆;该虫吃草鸣叫,声调苍凉,颇有荆轲过易水,"壮士兮一去不复返"的英雄气概。

这场恶战由"江南草王"当监板,老法师神情肃穆,先让虫儿在特制的天平秤上称分量,然后用小绒球将它们分别赶入隔离开的有机玻璃盒内。全场庄严,大款们静得能听见针掉地的声音。老法师手如水蛇,一根陈年鼠须草上下左右、前后草飞风灵活,突然鬼枭般大吼一声:"正八角、开闸、交口!"

仿佛一道寒光,双方疾如流星,发疯般紧紧钳于栅中,4牙交错、上翘,两虫成一线,沿栅旋转。"长衣红牙青"闪头发"留夹","金顶粗眉毛"沉着应战,"张夹还夹",双方再"造桥夹",12爪死死相抵,猛力弹开——

恶虫绕栅一周,双方咬住连打几只"滚夹","金顶粗眉毛"越战越勇,"长衣红牙青"打打停停,停停打打……恶战持续8分钟。突然,"长衣红牙青"使出浑身解数,狠劲发力,一脚踢开敌手,将对方连撅几个"猪猡",又凶猛如前。简直是薛仁贵大战盖苏文,冤家路窄,杀得难解难分、飞沙走石、天昏地暗。

至19分钟时,"金顶粗眉毛"尽平生之力,硬逼"长衣红牙青"至栅角,猛然"收夹",一个"大背包",将敌手绞作一团,甩得昏死过去。老法师紧张、激动得满脸淌汗,立即喊:"一、二、三"至十,"长衣红牙青"终于张着牙休克了。"金顶粗眉毛"得胜鸣叫,声音都嘶哑了。整场恶战20分钟,双方打出一身浆水,断腿折翅,伤痕累累。

大款们见到如此血战,并不为输赢而激奋,却为平生第一次看到动物世界如此激烈的弱肉强食而欢呼,正当他们祭起社会达尔文主义的旗幡,点钱计算赌注时,猛听得炸雷也似一声"不许动"!手持警棍的警察如同天兵天将,威风凛凛地闯将进来。原来,警方通过缜密侦察,得悉这儿将举行建国以来罕见的蟋蟀豪赌,便抽调刑侦队、巡警等八十多名精兵良将,将这幢花园洋房包围。

大款们见警察从天而降,个个吓得脸如土色、浑身颤抖,纷纷把钱扔掉,一时间屋里钞票乱飞。警察们用警棍抵住大款们腰部,叫他们面壁而立,高举双手。但这些家伙居然没有一个承认是来聚赌,而说是来观战、凑热闹的。当然,他们的狡辩是没有用的,他们在闪光的金盾前吓得魂飞天外,一个个抱着头被押入警车,最终受到了法律惩处。

2000年9月底,上海老城厢一家夜总会为了聚众赌虫,专门停了生意接待"虫迷"来此打擂台。那天晚上,秋风宜人,月光如洗,一伙"虫迷"特意从山东请来了凶悍的"蝴蝶须",与南市区的"青烂衣"对阵。三十几位"虫迷"喜气洋洋地聚在夜总会,经过一番协商,双方将赌注押至45万元!

监板打草毕,恶虫振翅双鸣。

两虫身披甲胄、英姿勃发,4根长须如狂风暴雨,飞速地相互交叉,然后以火箭穿云而去的冲击力,迎头咬作一处。"嚓——""蝴蝶须"一个"跑马",如同一股巨大的气流,将"青烂衣"掀往空中,继而一个"搭桥",把敌手钳至盆边,再一个"滚钉板",骑在敌手身上,真乃程咬金的三大斧,甲方将乙方杀了个下马威。

倏地,"青烂衣"前抱耳爪微微隆起,一对厚紫牙紧贴盆底,"呼"地一家伙,发疯般钳住"蝴蝶须"连打3只"滚夹",将其大腿咬出珠水。"青烂衣"出口凶猛,不禁振起烂翅,发出"噼、噼、噼"3声又怪又轻的恶叫。

然而,"蝴蝶须"不愧为虫中雄杰,受了伤反作困兽之斗,气势更凶。双方在十几分钟内,一共咬了十多个"死夹",几十个"盘夹"。"蝴蝶须"打断一只抱耳爪,一枪一须;"青烂衣"打断两只腰鼓爪,头皮破掉。双方一身珠水,以致盆里拖着道道水痕。

14分钟,"咔嚓"一声,"蝴蝶须"一个"劈山救母",把"青烂衣"咬成休克。"青烂衣"仰天躺着,4爪伸向天空,仿佛4柄寒森森的利剑!监板脸呈惊异之色,用草轻轻地、轻轻地将虫翻过身。"青烂衣"的肚子贴盆,累得精疲力竭的"蝴蝶须"便爬过去,一口接一口咬敌手;而"青烂衣"则始终张牙舞爪,直到去见上帝!根据场子里的规定,监板郑重宣布:"'青烂衣'局面输掉,'蝴蝶须'上风!"

战斗结束后,双方点完钱便坐下边喝饮料边交流虫经。此时,混在"虫迷"中的"眼线"已悄悄地将这儿聚赌的信息通知了警方。警方立即调动大批人马,直奔夜总会。夜总会老板派在门口放哨的一个"倒眉毛"见势不妙,刚要打手机,被一个彪悍的"条林"(便衣警察)飞起一脚,踢掉他的手机,遂以老鹰抓小鸡之势,将其反剪。"哗——"警察飞速冲入夜总会,堵住所有通道,外面还布下了天罗地网。

赌徒们听见杂乱的脚步声,情知不妙,刚想夺路而逃,无奈已被警察迎面堵住,他们急得双脚乱跳,纷纷把钱藏在沙发、桌子间。那个"蝴蝶须"主人山东大汉,更是焦躁得头向墙上撞。警察们封住大门,大喝道:"谁也不准乱说乱动,否则后果自己负责!"接着将他们一个个抓获,经过审理对他们作了劳教、拘留、罚款的处置。那位山东大汉被罚得一文不名,半夜里在马路上嚎啕大哭,仿佛一头西伯利亚饿狼在茫茫原野发出凄厉的嗥叫。

据统计,上海警方每年秋季平均要破获上百件聚虫赌博案,且这类案件在逐年递增。原因乃是斗虫聚赌速度快,有季节性,尤其可以给人产生强烈的感官刺激。看来,动物界的残忍对某些人颇有吸引力。

**"虫迷"血洒沙场**

玩蟋蟀或以虫赌博,往往会像虫一样斗出人命关天的悲剧。我在不算短的玩虫生涯中,多次撞着"虫迷"抓虫时被蛇咬伤、甚至咬死,抑或半夜掉入河中、陷入粪坑内等惨事。1992年8月中旬,我去北戴河参加学术会议,亲眼目睹一位"虫迷"在安徽境内的铁轨旁被压死,地上还散着许多竹管筒。

我曾有一位虫友赵君,因玩虫致残,令人心酸,至今想起还心有余悸。

赵君号称捉虫敢死队队长,率领手下两员猛将"毛豆子"和"猎狗"南征北战,四处捉虫。当他们发现山东出恶虫后,便浩浩荡荡杀将过去。他们在山东那块贫困的土地上,以低价发动贫苦农民抓虫,满载而归。

老子云:"福兮祸所伏",人太幸运了往往乐极生悲。赵君的父亲是旧上海一个资本家,落实政策后分给他10万元,他兴奋之余,买了一辆幸福摩托在大街小巷飞驰。1985年10月2日,是他大喜之日,未婚妻是某仪表厂"一枝花"。这次又捉到许多恶虫,他欣喜若狂地说:"我是三喜临门啊!"

他们回上海后,蟋蟀放在"猎狗"家,再由赵君去落盆。下午,一场暴雨冲洗了大城市的污垢,赵君驾着摩托,被一辆急转弯的卡车撞出几丈远。他当场头顶开花,牛奶似的脑浆缓缓溢出。他的一大包蟋蟀也散落于地。出事地点止在一家纺织厂门口,下班的青工不先救人,竟去抢蟋蟀。折腾许久,赵君才被几位老工人送进上海第六人民医院。

赵君昏迷15天,醒来的第一句话居然是:"当心,虫,我的虫……"等装着有机玻璃脑壳的赵君出院,才会转动几下眼珠。他的那位"一枝花"也含泪另择良枝去了。不久前,我由"猎狗"陪同去赵家大院看他,进得院子,但见阳光灿烂、鲜花锦簇,他的卧室富丽堂皇、光彩照人。呆若木鸡的赵君在一位老保姆的搀扶下,傻愣愣望着我们……

斗虫赌博最终必然发展到斗人,这已成为蟋坛上的一条铁律,因此而出人命的事几乎年年发生。

1989年仲秋的一个周末之夜,上海西区一个棚户区的板房内,两方赌徒押注4万元,出场各自的"大将军"。一方号称天下无敌的"李元霸",其实是一条凶狠的骨牌型"红沙青",开盆便六爪凌空,歪头仰视蓝天;另一方捧出的竟是一条暮气沉沉的混色虫,它懒洋洋地缩在盆边,恰似穷山沟里蹲在墙角晒太阳的"二流子"。"红沙青"一方看罢不觉暗喜,心想他们也许集体患了老年痴呆症!

双方虫儿入盆。"红沙青"气势汹汹,迎面扑向混色虫,张牙一口,不进敌手嘴门;二口,还不进;三口,再不进,别头乱窜乱跳。混色虫主人眼神雪亮,先赞曰:"你们这条虫果然厉害,能咬到3口啊!"接着斩钉截铁地下结论"你们下风啦!"

"不可能!""红沙青"的主人怀疑自己的眼睛出了毛病,大叫道:"上'大红头'!"他将另一条"大将军"与"红沙青"交口,"红沙青"马上精神抖擞,两个"喷夹"就击败"大红头"。

"红沙青"一伙脸一横,破口大骂:"妈的,我的虫没问题,你的是药水虫,不算数,还要赔偿经济损失!"

混色虫主人沉着地一挥手:"替虫洗澡,等3小时再咬。"3小时后两将入盆,"红沙青"仍然攻不进混色虫嘴门。这的确是上海蟋蟀大战史上的奇仗,混色虫即使服过兴奋剂,当了臭名昭著的"约翰逊",那么洗过澡且等了3小时,药性也该过去了。然而,据说这两年从法国流入国内一种兴奋剂,蟋蟀服后能几天几夜保持药性,直到斗死也不认输;还有用海洛因喂虫吊性子的,前阵子上海火车站纠察抓获一个专营此勾当的贩子。但是,在尚未证实混色虫是否服过法国兴奋剂或者海洛因的情况下(我怀疑这是一条高级药水虫),按虫界规定,虫只要交口,就可以定胜负。"红沙青"一伙必须付款了。

这时,输方里一个绰号叫"汤包"的个体户急得浑身热血沸腾,冷汗淋漓。这小子已连续输掉1万元,自己的摩托也押在别人手中,至今尚欠人一屁股债。这次,他以为"红沙青"真是"李元霸"了,借了3 000元押上去。此刻,"汤包"感到一股前所未有的狂怒,犹如恶狼在胸中奔突,蓦地新仇旧恨一起涌上心头,"刷——"地掏出一把三角刮刀,厉声怒喝:"钞票、虫全部放下来,人给我滚出去,你们他妈的用药水虫骗人!"

对方也是在江湖上混的主儿,哪肯吃如此大亏,反将"汤包"大骂一顿。"汤包"穷途末路,猛然跳起来对准混色虫主人就是一刀,双方一阵混战,七八个人被打得头破血流。最后,混色虫主人肺部吃了"汤包"一刮子,血流如注、生命垂危,被急送医院抢救……自然,"汤包"要在铁窗里度过漫漫长夜了。

2002年10月上旬,上海青浦某度假村业主竟以斗蟋蟀聚赌方式招徕参赌人员,从中抽头牟利。警方接获举报后迅速出击,现场查获的参赌嫌疑人员有一百多人,缴获赌资90余万元。有8名参赌人员从窗口或楼顶跳下,企图脱逃,导致2人摔死、6人受重伤的惨剧。

2005年春天,上海警方通缉了六十几名逃窜各地的重大刑事犯,并将他们的照片登在报纸上,其中4名罪犯都是因斗蟋蟀杀人而亡命天涯的。有一个杀人"虫迷"出逃5年后,迫于通缉令而自首了。

斗蟋蟀斗到伤人性命,简直无法无天,其实这也反映了在社会竞争激烈的状态下,某些人会失去理智、铤而走险。

## 第三章　玩虫世家

**洪小开父子斗虫吃"毒药"**

上海的南浦、曹安、曲阳、七宝等蟋蟀市场是一个社会大舞台,既有虫迷恢弘的《英雄交响曲》，也有令"虫痴"无限悔恨的《走麦城》。

1991年9月的一天薄暮时分，惨淡的夕阳下，一位年轻的"大脑壳"推着一辆轮椅车，痴笑着挤进曹安蟋蟀市场，车上一瘫痪老人探身向前，无神的眸子顿时闪出异样的光芒。他摇头晃脑地逐摊品赏虫儿，不时教"大脑壳"打草，叽里哇啦地向他讲授玩虫经，这是一对父子"虫迷"。

老子洪小开曾是阔佬，他继承了父辈的大笔遗产，还有一幢花园洋房。然而，洪小开不学无术，整天与一帮纨绔子弟浪荡，尤喜玩虫。但他自恃财大气粗，斗虫从不斤斤计较，不是以小斗大，就是以嫩拼老，抑或将低就高，每每兵败如山倒，到解放时家产几乎输尽。

解放后，洪小开照样沉溺于玩虫，几十年下来，输得只剩下一层楼面。他到了风烛残年，总结经验，认定自己前世作孽，患有先天性高度近视，晚年更是老眼昏花，配虫竞斗总是"吃药"（意为受骗上当）。于是，他悉心指导奶末头儿子玩虫。每年7月，洪小开便指挥小儿子将家藏的三百多只老盆捧出来，一一清洗，浸于井水之中。此刻，他势必如祥林嫂一般，谆谆告诫小儿子："阿囡，这批盆是阿拉屋里的传家宝啊，'文革'期间抄家前一天晚上，多亏我转移到老佣人家里，否则用新盆哪能养得出好虫呀！"同时，洪小开还搜罗了众多养蟋的虫谱，从乾隆年间到民国的各种版本，教导小儿子苦心研读，颇有头悬梁、锥刺股的学风。

8月中旬，洪小开父子便着了魔似地四处觅虫，其足迹遍布山东、安徽、浙江省、上海郊区，直到将盆里的虫养满，才等来虫界所谓激动人心的时刻——中秋斗蟋高峰。

1993年10月上旬，在静安、黄浦、闸北三区交界的一个场子里斗虫。洪小开父子出场了3条大虫，对方是一位年轻的"小胡子"，在当地以玩虫刁钻而闻名。"小胡子"与"大脑壳"配虫时，以自己的下品对他们的上品，以中品对下品，以上品对中品，每局赌金1000元。洪小开父子那条中品决非等闲之辈，是他们花200元从山东宁阳买来的"紫壳白牙"。"小胡子"的上品"翠儿"已获胜多场,斗性十足。

双方"将军"入盆,当头一个回合,"翠儿"便使杀手锏,咬伤敌手抱耳爪,进而如鸡啄米,一口接着一口,一口重似一口,仅7个回合,轻取"紫壳白牙",发出金蛉子似的鸣叫。洪小开看懵了,惊问其故。旁边一内行瞟他一个白眼,轻蔑地说:"虫都配不来,哪能咬上风,你们想想,'翠儿'比'紫壳白牙'阔一路、老一路,不赢才有鬼呢!"

洪小开闻言暗暗叫苦:逆子中了"小胡子"孙膑赛马之计,休矣!遂劈头盖脑地对小儿子嚷道:"我整天敲木鱼似地关照你,嫩不斗老、长不斗圆、圆不斗方、低不斗高,你的耳朵都灌进去了吗?"

洪小开又气呼呼地一挥手:"我的上品再与你们斗2 000元,我倒要看看究竟谁笑到底!"且说洪小开父子的上品是从上海七宝花500元收来的"乌斑黄",虫儿出场一道金光,双须飞速舞动,真是"气吞万里如虎"啊。谁料"小胡子"阴险地一笑,取出一条比"乌斑黄"低一路的"红牙青"。洪小开将头几乎凑近盆里,总算看清了对方的虫儿的确不如自家的,心想稳操胜券了。

斯时,场子里的赌徒全将心提到了嗓门口,都想看一场精彩的恶斗。奇怪的事儿说来就来,那不可一世的"乌斑黄"须触敌手,竟微微发抖、后退,四牙交错,仅两只"喷夹","红牙青"就将"乌斑黄"咬得跳出盆外,落荒而逃。很显然,"小胡子"用了药水虫,起码是给虫儿喂过海洛因了。

洪小开气得大吼一声:"我玩虫一辈子,没见过'乌斑黄'不进对手嘴门的事儿,你们……"猛然倒地,不省人事。"大脑壳"吓得急打120,将父亲送往医院。几天后,等洪小开醒来,便成了半边瘫。

"嘎吱、嘎吱——"轮椅车循着此起彼伏的虫声,徐徐融入暮色苍茫之中……

**苏"虫痴"重拳出击定乾坤**

上海虫界赫赫有名的苏老先生乃书香门第,祖上不仅举人、秀才辈出,而且善于玩虫,传下秘不宣人的看虫绝招。苏老已年近9旬,依然玩虫雅兴不减,还精心哺育子孙继承其衣钵,他的孙子于1998年参加了上海蟋蟀研究会,如今也成了一员虎将。

据苏老回忆,他年轻时便是四马路(今福州路,旧上海玩虫中心)看虫大王,当时众多大亨、二流子一旦觅到好虫,都请他验看;解放后,他在新闸路蟋蟀市场依旧为"虫迷"看虫,名声大振。

苏老阅尽人间沧海桑田,每当沉浸在自7岁起玩虫的80年风雨征程中时,便为夺得1949年上海蟋蟀擂台赛冠军而兴奋不已。老先生轻轻擦去激动的泪水,摇摇古折扇,从养虫之道谈到当年的殊荣:"我养虫嘛,一是靠祖宗传下的法道,二是靠一辈子的经验,三是靠在南洋公学(今上海交通大学)学到的生物知识,所以年年出奇才,那年我的宝贝过五关斩六将,可杀出威风杀出名堂啦!"

苏老一生中喂过无数名虫,惟有那条"冠军"使他永生难忘。1949年早秋,他去龙华办事,路过肇嘉浜上的天钥桥(该浜已于1956年填没,现为肇嘉浜大道),猛听见一群孩子喝彩声,他急步上前一看,哟,是斗蟋蟀!一个"芋艿头"手捧一瓦罐,罐内一条大虫,已连斗7条,都是"夹单"(即一口下阵)。苏老凝神细看,良久才缓过气来。但见此虫头顶金珠、闪闪发光、蓝项起绒、金背透明、遍体紫亮、六爪凌空、歪头仰视蓝天,目空一切。"我的妈呀,这是'金顶紫三色',一生不遇,一生不遇啊!"他脑海中一个闪念,立马倾其所有,哄小孩随他去买了十几只虫盆,硬是换下了这条恶虫。回家后他足足看了几小时,兴奋得一夜不眠。

然后,苏老每天拎河水为恶虫洗澡,喂凌晨第一道露水,挑雌性的青菜心,用"金枪三尾子"为其帖龄,以胜似哺养独生儿子的"孝心",将虫儿养得益发威风,直到六爪凌空。

是年10月6日,上海蟋蟀擂台赛在天蟾舞台举行,来自上海各地区,以及江浙两省的玩虫大将如潮水般涌来。苏老率"金顶紫三色"及"真青麻头"和"大红头"参赛。在前十几轮的角逐中,"真青麻头"和"大红头"连克数敌后先后败北,而"金顶紫三色"却愈战愈勇,敌方鲜有咬过它3口的。在进入前8名的最后一轮恶战中,"金顶紫三色"像打了兴奋剂那样,上来的大将军不是被它"夹单",就是几只"喷夹",居然连一只"重夹"都没有,便纷纷落荒而逃了。一周后,"金顶紫三色"终于取得决赛的资格。

那天下午,天蟾舞台门口人山人海,上海滩的三教九流几乎蜂拥而至,黑市票卖到2个大头一张,且供不应求。

在全场肃静的号令及铜锣声中,苏老手捧"金顶紫三色"款款入场,他的两个儿子则在场外为父亲助威,直激动得苏老汗流满脸。对手是苏州"虫王"白老先生,他出场的是一条"弓背红麻头",揭盖便见金光闪烁。虫儿长须挥舞,如同毒蛇漫游,顶端盛开一朵菊花,配一对紫红大钳,浑身流光溢彩,仪表堂堂。它一个亮相,吃草鸣叫,声若洪钟。

双方恶虫入栅,监板(指裁判)手舞陈年黄狼草,前后左右,飞风灵活,猛然一声吼叫:"将军八角,开闸,交口!"

两员虎将触须相交,闪电般抱作一团,连打5只"滚夹",然后弹开,"弓背红麻头"翻身站定,恶叫一声,迅猛地扑向"金顶紫三色",看准时机,一个"狮子甩头",将敌手摔到栅边,继而紧逼上前,正欲发狠劲死咬。不料,"金顶紫三色"身子往后一缩,待4牙相抵,断然收夹发力,一下把敌手钳至栅中央,一个"猪猡",整整撅了约2分钟,直咬得"弓背红麻头"六爪乱蹦。观局者见状人人屏息敛气,心里暗暗叫绝。

少顷,"弓背红麻头"被敌手喷出寸把远,一刹那,竟如陀螺般在栅里团团转。真是一口伤筋,咬疯三军主帅。"金顶紫三色"昂头舞须,发出燕人张翼德威震天下的鸣叫,直喜得苏老汗流满脸,与两个儿子紧紧地拥抱在一起。

苏老的"金顶紫三色"成为当年虫界"三王十八将"的主帅,令整个场子欣喜若狂。他手捧冠军杯绕场一周,接受"虫迷"的顶礼膜拜。从此,苏老视冠军杯为神明,可惜冠军杯在"文革"中被造反派抄去,至今下落不明。

**蟋蟀,拆散了"黑熊"的家**

下岗工人刘金龙因长得人高马大,皮肤黑亮满口粗话,而得了个绰号"黑瞎子"。他靠一条恶虫起家,坐上了上海"蟋蟀王"的交椅;同时,"黑瞎子"斗虫也斗掉了好端端一个家。

"黑瞎子"乃笔者虫友,在青少年时代我们经常秋天结伴去捉虫,直至1971年中学毕业,他去吉林省怀德县插队落户。

1979年知青大返城后,"黑瞎子"顶替父亲成了上海卢湾区运输公司的一名搬运工。"黑瞎子"是被"文革"耽误的一代人,胸无点墨,平生仅对蟋蟀情有独钟。每至秋兴,他便将家庭、工作丢在了爪哇国,扑向枫红谷黄的野外,全身心地沉浸于捉虫、养虫、斗虫之中。

为此,"黑瞎子"报名参加了"业余蟋蟀大学"的学习,在连续听了几十场讲座之后,对虫儿的知识大有长进,"黑瞎子"在结业典礼上声情并茂地说:"凭良心讲,我们家也算得上养虫世家,从我老爷爷算起,已有4代了,可惜我读书太少,老祖宗留下的虫谱看不懂。现在经过'业余蟋蟀大学'的系统学习,我的大脑开窍了。我今后一定要教育儿子认真念书,好好钻研养虫经。以便将来'青出于蓝而胜于蓝'。"

果然,"黑瞎子"回家便给儿子定出了学习"虫谱"的时间,将从"业余蟋蟀大学"学到的虫经倒腾给儿子。"黑瞎子"的儿子本来就淘气,如今有父亲的指点,岂不快活,从而将高中课本一股脑儿抛掉,苦心钻研起虫经来。

"黑瞎子"的荒唐家教,理所当然地受到太太小慧的干预。为此,夫妻俩从唇枪舌剑发展到互相厮打。

在小慧痛苦之时,"黑瞎子"则云游四方,去觅恶虫。"黑瞎子"最大的特点是喜欢自己捉,按他的论调,这年月人都成精了,谁都不肯拿绝品出来卖。前几年,"黑瞎子"慧目识宝,在上海七宝的一片荒地里,发现了一种体魄强壮、格杀凶狠的红虫,抓回后经过精心调养,果然杀出了威风。红虫不仅为他创造了可观的"利润",而且使他的名气越来越响。

不过,真正让"黑瞎子"当上上海滩"蟋蟀王"的,是1998年上海民间蟋蟀擂台赛。

这是自1949年上海蟋蟀擂台赛以来的第二次虫界盛会。这场擂台赛由上海民间玩虫组织发起,冠军的奖金为2 000元。

"黑瞎子"先后出场9条恶虫,从9月20日起,一路杀到中秋之夜,结果以"铁弹子"夺得冠军。"黑瞎子"荣登上海"蟋蟀王"的宝座。

"黑瞎子"在当"蟋蟀王"前,捉的虫大部分拿到市场上出售,留下些极品自己做赌具,但一般赌注较小。自1994年起,"黑瞎子"每年还能挣上几千元。岂料这小子是个捧不起的"刘阿斗",成了"蟋蟀王"后,在"虫迷"们肉麻的吹捧中竟忘乎所以,一跟斗跌进了豪赌的泥淖。

且说"铁弹子"得了冠军后,"黑瞎子"将它奉若神明,欣喜之下寻人开斗,但虫界都知道这条恶虫的厉害,谁肯前来送冤枉钱?这时,上海南市区有名的玩虫超级模子"白狼"引来了杭州玩虫大户,由"白狼"牵线,杭州大户与"黑瞎子"以虫聚赌。"黑瞎子"以擂台赛奖金2 000元下赌注,"白狼"再帮上3 000元,共赌5 000元。结果,"黑瞎子"大获全胜。从此,"黑瞎子"将"白狼"引为知己。谁知,他这是吴三桂引狼入室,给他本已不平静的家安下了"定时炸弹"。

玩虫这档子事也讲个时来运转,偶然性很强,"黑瞎子"在1998年中了头彩,并不等于他永远能独霸天下。是年11月上旬,"黑瞎子"在"白狼"的引荐下,将家中的其他大虫拿出去斗,不料十场倒有九场输,他不仅输掉了所有的本钱,而且还欠了"白狼"一万多元。"白狼"并不向"黑瞎子"索讨欠款,相反宽慰他来年好好干,争取斗出个大款。

"黑瞎子"的家庭是在一个畸形时代里凑合成的。

"文革"期间社会上流行"读书无用论",根正苗红、四肢发达、头脑简单的人反而吃香。"黑瞎子"他们那个知青点数他臂力最棒,而小慧号称上海、北京和长春知青中的"一枝花","黑瞎子"自然而然成了小慧的保护伞。

然而,促成他们结合的是1975年春天一个突发事件。那天傍晚,金灿灿的夕阳染红了辽阔的黑土地。"黑瞎子"收工回队时,猛然听到队部仓库里传出女人气咻咻的呼叫声,他立即飞奔过去,一脚踹开门,竟然看见民兵连长在欺侮小慧。那当儿,五大三粗的民兵连长喘着粗气,正疯狂地扒小慧的内衣,小慧则拼命反抗,脸蛋儿涨得猪肝似的。"黑瞎子"见状怒火万丈,大喝一声:"你他妈的狗眼无珠,敢在太岁头上动土!"冲上去一把揪住民兵连长,左右开弓,打得他晕头转向。未几,民兵连长站定后,双目射出豺狼般的凶光,使出平时练就的拳术,频频向"黑瞎子"扑来。"黑瞎子"不慌不忙,将一只大箩筐向民兵连长扣去,然后佯装逃跑,"嗖"地窜至仓库外的打麦场上,民兵连长哪肯放过,紧追不舍。"黑瞎子"瞅个空当儿,猛地杀个回马枪,仅一拳就打掉民兵连长4颗牙齿。"黑瞎子"拉起吓呆了的小慧逃之夭夭……

"黑瞎子"殴打贫下中农,这可是大逆不道之举,他被逮住后办了一个多月"学习班",在公社范围批斗十几次。一个夜晚,他翻墙逃了出来,与小慧一起逃回了上海。于是,出身知识分子家庭,读过不少世界名著的小慧出于感激,在没有浪漫情调和深厚感情的情况下就草率地成婚,于1978年早春生下儿子。

转眼到了1999年盛夏,"黑瞎子"时而陶醉于当"蟋蟀王"的荣耀中,时而为"白狼"的欠款皱眉头。立秋一过,"黑瞎子"立马远走高飞,奔赴山东宁阳觅恶虫。

"黑瞎子"在宁阳日夜奋战,每周回家一次,带回许多大虫,让待业在家的儿子精心调养。父子俩为服侍一百多盆虫,天天忙至深夜。如果"黑瞎子"外出觅虫,儿子则更辛苦了。"黑瞎子"为了防止蟋蟀闻到家里的异味而失去斗性,不但严禁小慧打"灭敌灵",任凭家里蟑螂造反,而且将小慧的化妆品全部扔掉。小慧见状,再也无法忍受了,遂与"黑瞎子"大吵一顿,"黑瞎子"暴跳如雷,和盘托出欠债一事。小慧听罢,差点晕倒。

8月下旬,虫儿尚未养服,"黑瞎子"赌劲已上来了,竟又向"白狼"借了一万元,频频与人开斗。遗憾的是他连连败北。一天晚上,在上海市中心的一个场子里(指赌窝),"黑瞎子"以输剩的1 000元为注,将自己的极品"黑督"与对方的"青三色"决一雌雄。两虫下盆,"黑督"居然斗性不足,被"青三色"轻松取胜。"黑瞎子"望着从宁阳青纱帐里辛辛苦苦捉来的"黑督",气得七窍冒烟,悻悻归家。

"黑瞎子"回家后埋怨儿子没及时给"黑督"帖蛉,以致吊不起斗性。小慧被气得破口大骂:"你这个没出息的东西,一个月拿220元下岗津贴,连自己抽烟喝酒都不够,儿子20出头了没有工作,你也不关心,还要引导他玩虫走歪路!"她一激动,眼泪夺眶而出,"我在仪表厂一个月辛辛苦苦,只挣500多元,这个家怎么开销呀,你还欠了那么多赌债,你还有脸回家啊!"她骂罢,冲过去一脚踢翻了几只蟋蟀盆。

这一下可惹恼了"黑瞎子",他跳起来、怒吼:"我宁要蟋蟀,也不要你这个臭女人,你给老子滚!"说罢,上前抓起小慧的长发就向墙上撞去。

小慧发出一阵哀叫:"好啊,我连虫都不如,这个家一定要散,这些年我过的哪是人过的日子啊!"

几天之后,"白狼"露出了中山狼的狰狞面目。原来,这个年近半百的款爷早相中了小慧,只是没到火候。这天黄昏,残阳如血,"白狼"拖"黑瞎子"去一家个体酒馆喝酒,酒过三巡,"白狼"道:"老兄,你欠我两万元,再加上利息……你考虑还了吗?"

"黑瞎子"苦笑一声,轻轻地回答:"不瞒你说,我身无分文,等来年虫咬得好,再还吧,你看怎样?"

"不行哩,我现在等钱用。""白狼"眼珠一转,诡谲地说:"不过,假如你肯把老婆借来用用,那钱嘛……"

"黑瞎子"闻言勃然变色,一把揪住"白狼"衣领,厉声道:"你是人还是鬼,哪能动起朋友老婆的脑筋啊!"

"白狼"毫不示弱,扳住"黑瞎子"的手,声色俱厉地说:"那你马上还钱,一个铜板不准少!"相持片刻,"黑瞎子"在对方寒森森的目光中,手渐渐地松开了……

"黑瞎子"这晚饮了大量的酒,回家后乘着酒精的力量,对小慧说出了"白狼"的要求,谁知小慧异常冷静地说:"我早就料到会有这么一天,我们的缘分至此结束吧!"小慧说完,拿起早就准备好的衣物,拉开房门,一阵风似地奔了出去……

**潘氏四雄勇夺"长城杯"第一名**

建国以后,在虫界斗蟋、弘扬中国古老的虫文化的曲折历程中,有两次威震天下的全国斗蟋擂台赛:1991年全国维力多·济公杯蟋蟀大奖赛;1992年北京亚运会大江南北长城杯蟋蟀大赛。这两场大赛的第一名均被上海蟋蟀研究会夺得,其中尤以研究会的潘志链率3个虎子,勇夺长城杯第一名最为激动人心。

是年8月,北京亚运会龙潭庙会指挥部委托北京长寿会蟋蟀研究中心,在历代公子王孙玩虫的中心京华,举办京、津、沪、鲁大江南北长城杯蟋蟀大赛。这4个城市是中国玩虫、斗蟋最厉害之所在,多年来虫才辈出,光辉灿烂。

上海蟋蟀研究会接到邀请后,立即召开动员大会,几千名玩虫大将群情振奋,纷纷请缨出征。理事长边文华,总顾问火光汉随之多次召开理事会,最终决定:这次北上参赛的重任由常务理事潘志链担当,国内无论凭资历,还是凭虫的实力,老潘是当之无愧的。老潘当年56岁,身材伟岸、豹头环眼、方脸大耳、几缕美须、仿佛常山赵子龙再世;这位虫界前辈乃正宗的火眼金睛,更兼他培育的3个儿子,全是玩虫大将,因而虫界说起潘氏四雄,"虫迷"们人人肃然起敬。

出征前夕,潘氏四雄在烈日下宣誓,为了弘扬祖国虫文化,为了上海虫界的荣誉,此番北上非拿下冠军不可!

时值早秋,潘氏父子专门腾出一间大房养虫,他亲率长子、次子及八十余名会员奔赴山东宁津、宁阳、乐陵收虫、捕虫。临行前,老潘对全体收捕队员立下"三大纪律,八项注意",不准队员损害当地老乡的利益。老潘还传授收虫秘诀,他以明快的语调说:"我从小玩虫,已近50年了,曾经对杭虫中的'淡色面'很有研究,但现在杭虫质量下降,而山东虫中的'督'、'尖鸡'、'长衣披袍'实在是好虫,关键在养功嘛。以前有句俗话'10督9不出',我倒要来个'10督10出',因此,你们大胆地收'督'吧。"

捕虫队下乡后礼贤下士,老潘还对捉虫大户——三顾茅庐,全体队员与老乡同吃同住同"劳动"(指捉虫),彼此建立了深情厚谊,好虫如同接到大元帅的令箭,一条条投到老潘麾下。虫儿一多,老潘命长子长期坐镇,次子则山东——上海运输,三子在家服侍虫儿,自己则不辞辛劳两头跑,一个月下来,各路"英雄好汉"都汇集到了潘宅。

经过早期喂养,老潘挑选了200条上品虫,其中有100条"督",这次北上参赛,他特意选了50条"督",此乃中国玩虫史上绝妙的一笔!

上海队由潘氏三雄组成(小儿子必须在家养其他好虫,不能北上),以一家之虫力,拼数城劲旅之恶虫,也是中国玩虫史上极其壮烈、豪迈的一笔!

9月27日,潘氏父子护送着50条恶虫登上了赴京的列车,28日顺利抵达龙潭湖公园。这场虫界盛会轰动了北京城,市民发疯般涌向龙潭湖公园,观摩票早已售完,一些"虫迷"为了得到一张黑市票,不惜血本,吵架、斗殴屡有发生,甚至连采访亚运村的老外,也成百上千地赶来欣赏中国神奇的虫文化。

大战在即,上海队提出以抽签的方式配队作战,但北方三队不同意,名单最后由北京队编排;9月30日,上海队——天津队;10月1日,北京队——山东队;10月2日,冠亚军决赛。

9月30日上午8时,一辆大巴士开抵龙潭湖公园,车上走下以天津蟋蟀协会会长苏鸿礼为首的天津四十余名玩虫大将。原来,天津队去年在上海举行维力多·济公杯蟋蟀大奖赛中,以0∶10的比分输给上海队,他们今天是来报一箭之仇的。

老潘看着天津队那阵势,估计他们卧薪尝胆,一定配备了精兵良将。于是,双方行过江湖大礼便进入战斗,苏鸿礼的名声在北方蟋坛如雷贯耳,故当之无愧地担任总监板。苏先生双手一拱笑道:"久仰啊,老潘!我们今年虫多,你们先吊吧,你的每条虫,我们都有虫可配。"其得意之色溢于言表。

双方恶虫上簧称份量,共配上单数19对。

第一盘,天津队旗开得胜,1∶0。

第二盘,上海队回一枪,1∶1。

从第三盘开始,天津队连战连胜,力克上海队5城,场上比分6∶1。

顿时,观众席上万人欢呼,天津队著名的十大金刚笑得前仰后合,苏先生则不露声色。

战况危急,老潘脸不改色心不跳,请求暂停10分钟。

总监板苏先生大度地吹哨:同意!

老潘迅捷地与长子潘永芳商量一下,当机立断,上8只"督",这可是老潘的看家本领啊!

第二轮比赛开始,场上比分立马发生变化,但见 5 只"督"——挥动双须,张开紫红大钳,连夹带盘,盘中有夹,不是捉"猪猡",就是"搭桥",抑或"拆口",将对方杀得屁滚尿流,在一连串"嘎嘎"的沉闷恶叫声中,场上比分 6 平!

全场出现骚动,一向信奉"10'督'9 不出"的"虫迷"几乎看傻了眼。然而,苏先生依然心静如水,并示意十大金刚沉住气。

上海队两只"督"再对天津队"大头青三色"和"黑紫",彼此均往死里咬,5 分钟后打成平手。

场上出现第三次平局,7∶7,比赛再次进入白热化。

第 15 盘,天津队又力克上海队,7∶8。

第 16 盘,上海"白牙青"迎战天津"淡青"。一开闸,双方恶虫闪电般抱作一团,腿上腾、挪、跳、跃;口上啄、挑、敲、夹,使尽诸般技艺。"淡青"杀得性起,突然"收夹","白牙青"吃痛跳上栅沿,"淡青"穷追敌寇,须刚触到"白牙青"的枪,它马上杀个回马枪,似第二次世界大战期间,日本神风敢死队驾机俯冲美军航空母舰的大无畏精神,奋勇跳下狠狠咬住"淡青"大腿,"淡青"痛得乱蹦乱跳。

场上比分,8∶8,第四次平局。

全场在大将军扣人心弦的格杀中逐步沸腾了。

此刻,苏先生脸色紧张,他命令天津队"黑青"出场;老潘沉着迎战,让宁津恶霸"淡青红牙"出场,此虫头大牙宽,肉身极细糯,肉质闪现出洁白的蜡光,蛉门与众不同,特别尖小,底板干老。苏先生一看虫儿,微微叹口气,向观众讲解道:"上海队'淡青红牙'蛉门特别尖小,鼓翅元气充足,绝对好虫;'黑青'虽为好虫,多数不经上口,上海队必胜无疑!"这里显示了北方人的豪爽。

果然,两战将交口,只听"嚓嚓"之声不绝,突然"咔嚓"一声,"黑青"掉头乱窜,"淡青红牙"高奏凯歌。

亮牌，9∶8，上海队胜利在望。

第18盘，上海队出场蟋蟀无情无牙，和局。

比赛结果，上海队以10∶8险胜天津队。

当苏先生宣布上海队胜利时，全场爆发出雷鸣般的掌声，北方"虫迷"狂呼乱喊："这样精彩的比赛少见啊！"

10月1日，北京队战胜山东队。

10月2日，北京队与上海队争夺冠亚军。这两支虫队是冤家对头，去年在上海举行的维力多·济公杯蟋蟀大奖赛中，上海队苦战北京队，也是险胜夺到的冠军，因而今日战场重逢，北京队作了充分的准备：一是向北京中华蟋蟀协会借用赛场良将；二是会员的参赛蟋蟀须经3人严格审查方能上场，谁的虫儿在赛场上吃下风，要受经济罚款；三是按原定竞赛规则，上下两点为正码，现改为上下一点为正码。可以说，北京队几乎招募了京城的所有"大将军"。

决赛开始，全场时而沉寂、时而波动，双方配出17对恶虫，简直一片刀光剑影。

然而，令观众费解的是，决赛的紧张程度远逊于上海队与天津队的势均力敌。

北京队以发下马威见长，首场便以京城无敌元帅"真青红牙一口酥"亮相，此虫双须飞扬，头上高高突起3只角，凶相毕露，全身整皮整色，令人心旌摇撼。据云，京城没有一条恶虫咬过它一口，故称"一口酥"。

老潘深知北京队的谋略，精心挑选了一只上品"督"，别名"虎头尖翅"，虫儿出场即头伏栅底，尖翅微微后仰，一副虫坛怪杰的凶相。它在上海蟋蟀研究会的多次竞斗中，也以一口定胜负而著名。

两虫下栅，双须相交，均感对方实力雄厚。双须继搭，相持良久，缓缓兜圈。一圈、一圈、又一圈，"真青红牙一口酥"，突发奇口，给"虎头尖翅"有如吃了一粒葵花子一般，"叭"一声脆响。"虎头尖翅"当场牙别口歪,沿栅乱窜。老潘见状,惊得脸色骤变,他养了一生虫,从未见过如此厉害的虫口。赛后,他专程拜访"真青红牙一口酥"主人张大钧,表示不惜重金收购恶虫,被张大钧婉拒。

北京队首战告捷1∶0。

紧接着,北京队有着"美罗成"之誉的"正青"上场,此虫身材匀称,色泽清晰,出口很重。

老潘再出"督",别号"青尖翅",虫儿翅膀薄若宣纸、纹如绉纱、翅角随体而下,紧贴背腹。

恶虫刚触须,即发力狂咬,"正青"以程咬金三大斧的威力,连出凶口,步步进逼,"青尖翅"却稳如泰山,左右抵挡。"正青"见正面冲锋无效,遂从侧面偷袭,企图咬对手的脚跟。"青尖翅"早已发现"正青"用心,身如水蛭,缓缓"盘夹",以静制动。5分钟后,"青尖翅"以鸟啄食的"攒火"战术,快如闪电般从正面进攻,将"正青"逼至栅角,猛然"收夹",将敌手咬出浆水,然后双须竖起,"嘎嘎嘎"3声恶叫。

场上比分:1∶1。

随后,双方出场3对大将,战成5平。

观众席上骤地响起口哨声,"虫迷"们为南北宿敌的恶战而喝彩。出乎意料之外,余下7对虫儿均无情无牙,双方最终战个平手——5∶5。北京队、上海队并列第一名。

老潘见此番大战竟出现如此结局,不免遗憾,便提出双方再出10条至15条虫儿续战,但北京队已无良将,不敢应答。

最后宣布比赛结果时,上海队排名北京队之前,其理由有三:一是上海队在与天津队、北京队比赛中,共胜15条虫;而北京队在与山东、上海队的比赛中,共胜8条虫,积小分,上海队高于北京队;二是上海队在决赛中,胜5条负5条无牙5条,上海队占尽优势;三是在决赛平局的情况下,上海队提出续斗,北京队没虫迎战。

潘氏父子流着激动的泪水，高擎"长城杯"谦虚地向北方"虫迷"深深地鞠躬、致意，他们的顽强拼搏精神，终于为上海蟋坛赢来了荣誉。

## 余言

在多元化的时代，"虫迷"应该怎样玩蟋蟀呢？蟋蟀市场应有何种走向呢？

上海曹安蟋蟀市场副场长陈祥发接受笔者采访时认为，蟋蟀市场的开放是政府允许的，它有利于众多"虫迷"将斗蟋这一传统文化纳入正轨，关键在于正确引导和管理。以曹安蟋蟀市场为例，这是由普陀区工商管理所、长征乡、曹安街道联合筹办的。从1992年起由工商所负责监督，具体管理则由蟋蟀市场负责。每年在蟋蟀上市前，管理部门便成立了治安组，会同派出所的联防队，专门制定了场内不许赌博、不许斗殴的条例，结果秩序良好，没有发现这类犯规行为。曾有人主张取缔蟋蟀市场，陈副场长认为这不是好办法，因为玩蟋蟀之风源远流长。如今上至文人、官员，下至百姓，他们一般并不是以虫赌博，如著名滑稽演员姚慕双就常来市场买虫，其他如文艺界、各区县政协经常举办斗蟋友谊赛，这都是有益于民众身心的。总的来讲，工商管理部门对蟋蟀市场主要是采取疏的办法，如2002年外地农民在这儿向港澳"虫客"卖出一两万元一只的恶虫，使他们致富了，而一般价格的虫适合百姓玩。

上海市公安局一位干部指出，改革开放以来，政府开禁让百姓玩蟋蟀，因而蟋蟀市场应运而生，如山东宁阳县政府对此高度重视，把斗蟋蟀作为新的经济增长点，还成立了蟋蟀研究会，举办全国民间蟋蟀友谊大赛。当地农民都因卖蟋蟀致富了，上海也有下岗工人、无业者靠卖蟋蟀吃饭，所以这作为一项市场经济的"新景点"，没必要去"堵"。然而，对于以虫聚赌，政府是坚决禁止的，一般对斗蟋赌博者，以他们赌资的大小为

2006年，上海万商蟋蟀市场大门

2006年，上海万商蟋蟀市场交易

界，公安部门冲击后采取罚款、拘留，直至劳教、判刑等措施，特别反对豪赌。归根结底，政法部门是不允许玩虫玩到违反治安条例甚至触犯法律的，希望"虫迷"们好自为之。

"明月皎夜光，促织鸣东墙"。我国玩虫之习源远流长，作为一种文化，包容了中医学、生物学、社会学、心理学、文学、历史学等系统工程，给人种种美的享受。但另一方面，它又遗传下了玩物丧志、不思进取的毒素。正如有了商品货币，就滋生了高利贷和赌博，有了人类，就有性和淫乱一样。在改革开放、国泰民安的时代，古老的虫文化本应更显风采，遗憾的是被一些害群之马搅浑了水，从而不仅使玩虫斗蟋聚赌风席卷全国，而且导致能治疗癌症、肝硬化等的"中华蟋蟀"药材面临断档。为了防止玩蟋蟀蜕变成纯粹的赌博游戏，我们有必要采取措施使其走上正轨，真正成为人民群众的一大娱乐。

# 上海蟋蟀市场风云录

**题记**

　　1986年早秋,上海在全国率先开放合法蟋蟀市场,从社会多元化及国人开始珍视生活质量方面而言,具有划时代的意义。笔者是最早将上海合法蟋蟀市场向南方报道的铁杆"虫迷"。下面推出的大特写上篇发表于1987年秋、下篇发表于1993年秋的南方报刊,在当时引起强烈的社会反响,读者和"虫迷"可从中了解二十多年前上海蟋蟀市场的耍虫风云——

**上篇**

　　历史长河奔腾向前,周而复始。一阵秋风过后,蟋蟀们又"瞿瞿"地叫着闯入了人们的生活。近年来,国人在压抑了几十年的耍斗蟋蟀之乐趣后,随着文化生活的多姿多彩,玩虫之风席卷上海,据说有一百余万"虫迷"陶醉于蟋蟀盆边,从而引出了一个合法的蟋蟀市场——

**"虫迷"的乐园**

　　1986年早秋,上海工商部门开辟了东台路蟋蟀市场。现在这个仅长180米的路段,摊位却达二百多个,每日人流量超过2万。每天下午、周末、假日,这儿更是人头攒动,水泄不通,直至国庆以后,高峰才逐渐消退。

来逛市场的"虫迷"有年逾古稀的老人,正当盛年的后生,身背书包的顽童……著名滑稽戏演员姚慕双、周柏春呵呵地赶来买冬虫和黄蛉,回去欣赏小精灵悦耳的歌唱;政协委员李老先生由孙子扶着,特意来挑选"三王十八将",准备在政协友谊赛上一举夺魁;某出版社主编已买了几十条虫,将让它们出现于一部精彩的小说中;昆虫研究所一位研究员,觅到一条罕见的"小烂衣",其兴奋度不亚于哥伦布发现新大陆……

在这里,共同的爱好使人们的距离骤然缩短。不少人在此排遣了他们的某些失落感。一位老工人说,小辈对他不孝敬,退休后感到格外孤独,而一到市场便忘记了寂寞。一位中年人说,按中国民间古老的习俗,每逢八月中秋,他们全家一起看月亮、吃月饼、斗蟋蟀,其乐融融。许多青工则认为,上海文化娱乐太单调,蟋蟀市场为他们开辟了业余生活的天地,从中可以得到一点满足和快乐。

不少港澳同胞、外国友人也慕名而来。台湾石油勘测公司董事长、一位八十多岁的老先生,一次买去400只金蛉子。他端详着这些珍品动情地说:"我回去要分送给亲朋好友,让他们也听听大陆的声音。"

外国领事馆人员和留学生,一次次来买虫和《蟋蟀谱》,还拍了大量照片出去报道。1987年9月日本东京、大阪广播电视中心两次来录像,他们兴致勃勃地录下了交易、斗虫等镜头。一位日本企业家说:"这才像国泰民安的样子。"

合法蟋蟀市场为"虫迷"提供了放松心情、享受生活的天地,正应了法布尔晚年为十卷本《昆虫记》所写的简短序言中的几句话:"阅尽大千世界,自知虫类是其最多姿多彩者中之一群。即使能让我最后获得些许气力,甚至有可能再获几次长寿人生,我也做不到彻底认清虫类的益趣。"

**高价恶虫**

市场上每天至少有十几万只蟋蟀投入交易。摊主的货源除亲手捉外，主要是向农民收购，往往一次批进成千只，然后按品级选出体魄硕大、色泽油光的精心调养，标上高价出售："铁弹子"400元、"花项淡紫"350元、"紫壳白牙"300元、"蝴蝶须"250元。大多数虫价都在20至100元内，1至10元的没有品级，1元以下的算卖给小孩玩的。

白露一过，好虫价格看涨。一天黄昏，我在一摊位前，见到一只标价500元的。我欲开盆盖，摊主阻拦道："你诚心买吗？1分钱不还价的，如逃掉照价赔偿。"

我冒着赔钱的风险慢慢地移动盆盖，放上网罩，才敢识其庐山真面目。哦，好一条近四斛的"红砂青"！落日余晖下，这只红头青衣的大虫昂首舞须，果然威风凛凛。

摊主见我看得认真，遂介绍了大虫的来历："这条虫是我花了一个晚上捉到的。那天夜里单单听它叫就听了几个小时，天亮前才听准在一堆乱砖里，于是就打亮电筒捉开了。不料，砖堆下竟盘着一条'火赤练'蛇！我赶紧用竹竿挑走它，定睛一看，啊呀，草根里伏着一只多大的**蟋蟀**哟！我用网套住它，激动得浑身颤抖。"

尽管蟋蟀市场里虫价很高，但不愁遇不上识"千里马"的"伯乐"。有位南通农民卖出一只1 000元的"大头青三色"，一时传为佳话。

区区一只小虫，价格竟如此昂贵，那些愿花血本的虫客，究竟为了什么？

**"虫王"拒绝参加大奖赛**

在川流不息的虫客中，常有一个鹤发童颜的老人，在摊位间流连忘返。摊主和虫客，都向他投去敬佩的目光。

他，就是1949年上海蟋蟀擂台赛冠军苏老先生。

苏老出身于养虫世家,从懂事起玩虫,直到1987年77岁依然雅兴不减。老太爷接受我采访,从养虫之道谈到当年的殊荣:"我养虫嘛,一是靠经验,二是靠在南洋公学(今上海交通大学)学到的生物学知识,所以年年出将才。那年我的宝贝过五关斩六将,可杀出威风杀出名堂啦!"

接着苏老话锋一转:"玩虫嘛,本是一种高雅的娱乐,就像大家养鸟养鱼养花一样。不过,玩虫玩出个赌字就不好了。年轻人大概不知道旧上海斗虫赌博的情况吧。我曾在东方饭店亲眼目睹大赌的场面,只要几分钟,赢的成百万富翁,输的便倾家荡产,不少人当夜去跳黄浦江!

"现在政府不允许赌博,但变相的赌照样有。去年天津蟋蟀协会举办大奖赛,邀请我去,可是他们要求参赛者先交纳50美元,或相当的人民币,谁打擂台取胜,就能得一台彩电和奖金。其实,这就是变相赌博嘛,我拒绝参加!"

苏老一席话使我产生了一个念头:探访市场里的赌博……

**在赌博的阴影下**

只须稍留心观察,就能发现市场内经常有约赌和聚赌的虫客在转悠。

1987年9月中旬的一天午后,一个獐头鼠目的虫客口叼香烟,缓缓踱到一摊位前,轻轻地对摊主说:"今晚开场子,你上吗?"

"上,我正好有几条恶虫。"

"好,这次是虹口坐'皇冠'来的模子。"

"尺寸多少?"

"一枪起码100张(一张即10元)。"

"行,一言为定。"

据几位高中生说,他们看到市场外围聚赌成风,赌注最高时达400元。1987年9月16日,公安局突然袭击,一举捕获市场外围的赌徒三十多人,缴获几千元赌注,并由电视台录像,当晚向全市播放。

现在,赌风已渐渐蔓延到中学生。比如曹家渡地区的学生,常到市场上买虫,回去赌冷饮、香烟甚至现金。

不少"虫迷"来市场玩虫,是"醉翁之意不在酒",撮模子聚赌才是目的。"虫迷"们在早秋觅到虫后,经过精心调理,到中秋之后,虫们已拉干屎、定色、伏盆了;进入10月,恶虫六爪凌空,斗蟋高峰降临。

"虫迷"们提着装有小盆、红木盒,以及天平秤、斗盆等赌具的牛津包,在市场里配模子,一旦配好,便开赴附近的弄堂、新村里聚赌。9月下旬,两伙"虫迷"在东台路蟋蟀市场撮上了,然后鱼贯而入一块草坪上。时值傍晚,残阳将天际燃烧得金碧辉煌,一群鸽子盘旋而去,划出一条金灿灿的光河。在壮丽的大自然怀抱中,双方赌徒摆开了决斗的阵势,赌注升到1万元(包括帮分)。

甲方出场一条"蜘蛛银顶",大虫刚入盆,便慢慢地蠕动着,活像山东大皮虫,它一根须舞着S形,另一根却横着纹丝不动,头顶上的白圆心,宛若一颗透亮的小珍珠。乙方出场一条"黑紫",此虫头无顶线,乌黑闪亮,一身黑长衣恰似燕尾服,六爪粗壮带红,落盆一个亮相气贯长虹,双须挥动之快,胜过电闪雷鸣。

虫主人本赌1 000元,请一位微睁三角眼的老头当监板(裁判)。老头手捏黄狼草,水蛇般上下左右旋舞,前后草飞风灵活,恶虫振翅双鸣。

"将军八角、起闸、交口!"

恶虫均以饿虎下山之势,闪电般咬作一团,赌徒们刹那间全将心提到了喉咙口。

10分钟后,双方从"盘夹"又打到"死夹",几十个回合下来,盆里拖出道道水痕。赌徒们心跳如鼓捣,怎么虫儿分不出高低,简直是岳飞大战小梁王,难解难分啊!12分钟时,"黑紫"一口咬紧"蜘蛛银顶",一个"猪猡"捉得它六爪乱蹦。"黑紫"又呼地一个"喷夹","蜘蛛银顶"竟发疯般在盆里乱转,两只抱耳爪断掉。

眼看乙方胜利在望,只等收钱了。谁知"黑紫"须触"蜘蛛银顶",它又勇敢地龇牙迎击了。于是双方连打几只"滚夹","蜘蛛银顶"被敌手咬得跳到盆上,但它仍不认输,从盆上拼命俯冲。

然而,"黑紫"冷静地等敌手冲下,快速咬住,一个"大背包",将敌手咬得缩成一团,自己则挥动双须,挺立盆中央,发出"瞿、瞿、瞿"三声恶叫。乙方顿时欢呼雀跃,甲方则垂头丧气,乖乖地付款。据那监板讲,这是当年野外聚赌中最精彩、赌注最大的一幕。

但是,这些还是"毛毛雨",真正的大赌、恶战,是在宾馆、住宅里。不少大款派专人去市场和摊主家购虫、喂养,到了时令,看虫捕杀,以寻求刺激,填补空虚的心灵。

赌,乃是五毒之一,历来为人民政府所禁止。看来,如何正确引导"虫迷"玩虫,重振中国虫文化,坚决杜绝以虫聚赌,整顿蟋蟀市场,该提到有关部门的议事日程了。

## 下篇

开放的世界势如烈马,在中华大地上临风嘶鸣,每时每刻在涌现令人目不暇接的新鲜事。蟋蟀,这无比可爱的小精灵,曾是文明古国的一大国粹。在极左的岁月里,它们参加了"地下游击队";今天,它们冲破了禁欲主义的樊笼,重披威风凛凛的甲胄,横刀立马,把个大上海杀得狼烟四起。

### 一

世界上特大城市之一上海的蟋蟀市场,则为无数"虫迷"提供了耍虫捕杀的大舞台。

上海西藏南路蟋蟀市场,人虫兴旺

1992年上海曹安路蟋蟀市场一角

1992年上海文庙蟋蟀市场因场地不够,临时征用游泳池

上海蟋蟀研究会倡导文明玩虫,弘扬中国虫文化。1987年在东台路蟋蟀市场设经营部

1991年,东台路改为古玩市场后,政府同时推出文庙、旱桥、曹安三大蟋蟀市场。

1993年,蟋蟀市场在市场经济大潮的涌动下,显得更加热闹。白露前夕,以文庙市场为例,真是万人空巷。

文庙是上海市区唯一的儒学圣地,大成殿前竖着孔子铜像,殿内则排列着孔子、颜子、曾子"三圣"像。每当人们小别现代化的大都市生活,走进这飞檐翘角、古色古香的殿宇,追寻着统治中国数千年的儒家大一统氛围时,谁会料到神圣庄严的殿堂隔壁,会响起无数蟋蟀此起彼伏的鸣叫,近似疯狂的摊主、虫客的讨价还价声⋯⋯

蟋蟀市场除设在原来的南市区花鱼虫鸟市场外,旁边一个大院落也摆满了摊位,大约有200个左右。每个固定摊档每个月只须缴150元管理费,而临时摊档每天得付15元,因前来设摊者太多,有的固定摊主干脆将摊位一分为二,另一半置4张课桌出租,每张每天30元,以坐享渔利。

在金风送爽的时节,上海任何商业中心、贸易集市与蟋蟀市场相比,无不黯然失色。来逛市场的"虫迷"们形形色色,上至市府机关干部、大学教授、医生、学员,下至普通工人、营业员、个体户⋯⋯设摊的不乏三教九流之辈,其中以个体户、待业青年、下岗职工居多。市场上,每天有大量蟋蟀投入交易,鲁虫、杭虫、徽虫等竞相登场。上海郊县的蟋蟀称土虫,质量上乘者散布于七宝、西郊、江湾、江桥、青浦等地。摊主在那儿有固定的批发点。当地农民不仅提供货源,还亲自开摩托车去市场设摊。

8月中旬以来,是蟋蟀上市季节。每年这个时候,每天有十几万条虫来自五湖四海,故价格难以提得过高,一般花30元至100元,可以买到一条大虫了(当然没有名虫)。但有几个固定摊儿的大虫名不虚传,开价惊人。有一块黑板赫然写着:"紫大头"2 000元,参观费5元;"银翅左搭"1 500元,参观费3元;"黑紫"800元、"红牙青"700元,参观费2元;

"花项淡紫"600元,参观费1元。

我在摊旁耐心恭候一个多小时,先后看到几位"虫迷"参观"紫大头",老板小心翼翼地揭开老"天乐盖"盆,用网罩罩好,然后让"虫迷"识其庐山真面目。那条恶虫头颅滚圆、紫亮,阔项起绒,双须疾速地飞舞,六爪雄壮奇长,在盆里来回穿梭,发出沙沙之声,恰似梁山好汉"黑旋风"。两个"虫迷"杀价至1 000元,不成交。老板望着别头而去的顾客,冷笑道:"哼,100张垃圾分想买虫,我就不相信,天下没有伯乐!"

3天后,我再去市场,这条大虫已不见了。据老板告知,被一位神秘的大款买去了,他还一迭声说便宜呢。

我在三大蟋蟀市场转悠过程中,见到北方虫越来越多,其中尤以山东宁津、宁阳、乐陵;河北沧州、保定;安徽亳州、广德的蟋蟀体魄雄健,牙阔翅大。而南方虫仅剩杭州白石庙、三堡;上海七宝、江桥、西郊;绍兴道墟等少数历史上出猛将的地方看好。经与上海蟋蟀研究会的会员攀谈,得悉近年来南方农民施用化肥太厉害,土质的退化导致虫质每况愈下。此外,政府开始发展房地产业,从而使农田逐日减少。北方因相对闭塞,农民以前不知道蟋蟀可以变成长须飘拂的赵公元帅,且以人工施肥为主,更不知房地产为何物,故那儿的大将军可列成一排排方阵。

前两年,宁津虫在国际国内大赛中力挫各地英雄豪杰,一举夺冠,引来无数"虫迷"。特别是上海、北京、天津、南京、杭州的"虫迷"为觅"三王十八将",在那儿激烈竞争,既抬高了虫价,又惹得农民无心种田。最后发展到农民在7月份就下地捉赤膊虫,养在自家的坛子里,留待城里人去买。他们声称,这是金钱哩,你不去捡,人家就占了先。

今年,上海"虫迷"不去宁津参加诸如蟋蟀节、名虫联谊会了,而是一窝蜂扑向宁阳。宁阳土地干裂,一片青纱帐,当地工商所在泗店土大街设立四百余个蟋蟀摊档,加上农民家里的虫,简直乐坏了上海"虫迷"。8月中旬,上海蟋蟀研究会老将、1992年"北京长城杯蟋蟀大奖赛"冠军潘志链先生率领两个儿子,在那里放了一个大炮仗,即花1 200元,买了一条"红头大翅子"(上海人称督)。这一下,农民玩了命地捉虫,争先恐后卖给上海人,上海人再贩到市场。

另外,安徽广德的虫今年异军突起,在市场上各领风骚,当地农民运虫入城,最高价一条"青三色",卖到1 000元。9月中旬,我正好去广德境内的太极洞游览。归途中在山脚下捉了几条虫,拿回宾馆去斗,果然条条发力凶狠、格杀厉害。

## 二

历史车轮碾过坎坷的岁月,将那一道道或深或浅或明或暗的辙痕留给了后人。蟋蟀挥钳弹腿,在盆钵间驰骋厮杀,搅乱了几方世界,它们为主人向金钱的峰巅扑去。蟋蟀市场明令禁赌,但赌徒往往先在这儿撮模子,然后选场子开赌。

1991年9月下旬的一个晚上,月光如洗,秋风宜人。我手提一只空红木小盒,佯装赌徒,混入一个场子,冒险实录了种种充满生死搏斗、尔虞我诈的赌况。

这场大赌,台面19 000元,双方各有数十人参战。先由一位戴三金(金戒指、金项链、金手链)的奶油小生做"监板"(裁判),他翘起兰花指,捏一根陈年老鼠草,以《茶馆》里庞太监的声调嗲悠悠地说:"我是'江南草王'的关门弟子,打草绝对正宗,各位朋友尽管放心,不要担心作弊。"然后请双方称虫,一方"铁弹子",体重3.6斟;另一方为"银牙淡紫",厘码3.7斟,基本般配。

监板下令:"落栅!"两条虫分别被主人用小绒球赶入一只有机玻璃盒(下垫平服草纸)内。监板将草杆一搓,打草引叫,只见他手如水蛇,上下左右旋舞,前后草飞风灵活,恶虫振翅双鸣。

"将军八角,起闸、交口!"

两条恶虫宛若虎狼咬在一处。这时,整个场子里静得能听见针落地之声,所有的人全屏住呼吸,似乎心脏刹那间停止了跳动。

"沙、沙、沙……"唯有恶虫血战的响声。"嚓","铁弹子"轻舒猿臂,一个"搭桥",将"银牙淡紫"钳到盒边,再一个"滚钉板",骑在敌手身上,杀了个下马威。"银牙淡紫"主人将两根手指咬在嘴里,脸涨得像猪肝,白衬衫被虚汗湿成一大片。他的帮兄或抓自己的虎领,或眼镜顺鼻梁滑下,急促的呼吸犹如排风扇排气,从鼻孔中喷出。"铁弹子"主人见爱将一路上风,一对枯井般的小眼睛猛地光芒灼人,鼓凸欲出,活像金鱼珍品水泡眼。他的帮兄或擦汗、或嘘气、或掠过一丝胜利在望的微笑。

突然,"银牙淡紫"的第六感觉感应到了主人的焦虑。"嚓",一个勇猛的侧击,咬住"铁弹子"连打三个"滚夹",再捉敌手一只"猪猡",将"铁弹子"大腿咬出珠水,接着傲对苍天,大叫三声,好似张翼德威震当阳长坂桥。赌徒双方的心理发生了180度的大转弯,"铁弹子"主人一伙全将心提到了喉咙口。

然而,"铁弹子"不愧为虫中怪杰,受了伤反作困兽之斗,越战越勇。十几分钟过去了,双方往死里咬的重口达二十几个回合。"银牙淡紫"打断一只小腿,撬歪一颗牙。双方的头、颈、肚子、大腿上遍体鳞伤,以致盒里拖着道道水痕。

倏地,"咔嚓"一声,"铁弹子"一个"二郎担山",甩出"银牙淡紫",将敌手咬成休克。"银牙淡紫"仰天躺着,五爪伸向天空,像五柄寒森森的利剑!它的主人头发全被汗水湿透,哀叹一声,用草轻轻地、轻轻地把虫翻过身。"银牙淡紫"的肚子刚贴盒子,累得精疲力竭的"铁弹子"居然硬撑着爬过去,一口接一口咬敌手。

呵,这是一位挺立着牺牲的"壮士"!

"银牙淡紫"在走向坟墓前,始终张着牙,一动不动地抗击敌手的肆虐。

根据场子里的规定,监板郑重宣布:"银牙淡紫"局面输掉,"铁弹子"上风!

顿时,"铁弹子"主人的眼睛幻化成一个银光闪闪的水银世界,那"水银"潺潺地流出疯狂的摇滚乐、醉人的XO、秋波盈盈的三陪女郎……帮兄们则忘情地欢呼,庆幸自己眼力好,一齐扑向"铁弹子"主人。

"银牙淡紫"主人捧着"烈士"欲哭无泪,一对死鱼珠似的眼睛几分钟不转不动,帮兄们有的垂头丧气、有的小声诅咒、有的脸色铁青,大口喘气……

三

"虫迷"在蟋蟀市场小赌乃家常便饭,而不少拼命三郎在此定场子、时间,作令人惊讶的大赌。1992年在普陀区一个场子里,最高纪录一场为16 000元,且只需短短半小时! 虫迷见这档玩意够刺激,纷纷汇入玩虫大潮,许多个体户放弃做生意,专营玩虫捕杀,直至闹出人命案子。

1993年上海东亚运动会闭幕前夕,两伙赌徒在文庙市场一拍即合。是夜,各自乘"的士"赶赴杨浦区一个棚户点,挑灯夜战。个体户"金丝猴"出场一条"黄麻头",个体户"木鸟"出场一条小巧的"梅花翅",赌注700元。两虫交口,仅一个"喷夹","梅花翅"大获全胜。"金丝猴"以大打小,又一个回合败北,岂肯罢休,他一拍桌子,斜眼怒喝:"侬这条是药水虫,不算!"

"木鸟"气得语无伦次:"我……这条……是钉板虫,专发'夹单'(指一口),侬……侬……想赖分!"

"滚你妈的蛋!""金丝猴"上前两个耳光,将"木鸟"拽出屋。

"木鸟"回家越想越窝囊,憋了一夜恶气。次日早晨,他操起一把匕首,直奔"金丝猴"家,圆睁眼珠吼道:"要命还是要钱,我'木鸟'不是好欺的!"

"金丝猴"见"木鸟"动真格的,吓得翻出老虎天窗,拼命逃窜。"木鸟"怒火万丈,高举匕首,紧紧追赶。这时上来两名替死鬼小荣和阿发,他们拦住"木鸟"劝说:"算了,何必为一只虫动手动脚呢。"

"木鸟"认出他们是"金丝猴"一伙的,遂破口大骂:"他娘的,你们是一只袜筒里的臭货!"上去对准小荣胸口,狠狠两刀,小荣当场血如喷泉,倒地毙命;"木鸟"又跨前几步,朝阿发背上乱刺,阿发惨叫一声,昏厥过去,后死于送医院途中。丧心病狂的"木鸟"自然受到了法律的严惩,但这一血案给人们留下的教训是多么深刻!

目前,上海玩虫队伍一年比一年壮大,政府顺应民意,允许开放合法蟋蟀市场,民间也成立了有几万人参加的蟋蟀俱乐部、蟋蟀研究会、蟋蟀"业余大学"等组织。历史悠久的虫文化,正沐浴着改革开放的东风,重放昔日之风采。作为"虫迷",理应珍惜这一自由娱乐的良机,切莫以虫赌博,玩物丧志。

图为 2015 年 9 月上海西藏南路蟋蟀市场一角

上海西藏南路蟋蟀市场摆放着整齐的蟋蟀用具

西藏南路蟋蟀市场一百多个摊位,唯有这家尚剩 10 年～20 年前出版的养蟋书籍,且价格均已翻倍

一名浙江农妇为了生计,专门出售三尾子

老虫客挑选竹筒里的蟋蟀

外国女留学生对中国虫文化惊叹不已,情不自禁地举起了相机

近年来因山东虫日益减少,河北虫异军突起

蟋蟀盆分旧盆(1949年以后至1978年改革开放期间)与老盆(1949年以前),目前老盆的时价每只1 000元至10万元不等;旧盆50~200元不等

红彤彤的售虫广告,引人注目,河南虫后来居上

上海市中心居然也有蟋蟀草堂

这名小女孩很内行地介绍虫具,甚至能表达特制蟋蟀草纸的妙处

山东妇女也成了上海蟋蟀市场的生力军

几十只小鸟在为蟋蟀市场上的交易点赞

欲购高价恶虫请到楼上雅室

"东北虎"开虫店,乃市场一大奇观

# 斗蟋蟀：上海滩悠久的民俗图

## 上海曾是"虫迷"的乐园

翻开记载我国特有的虫文化的史册，《诗经·七月》最早出现蟋蟀的行踪。中古时期，这些小精灵是农夫识别节气的信号。后来，幽居宫中的帝后、妃嫔为了驱除无尽的寂寞，遂捉蟋蟀置于小金笼中欣赏，聆听它们美妙的鸣叫。自唐朝天宝年间，蟋蟀开始被人捕来捉对搏杀，人类欣赏蟋蟀的内容发生了质变，即以虫作赌具。

由青浦福泉山新石器遗址昭示，上海具有 6 000 多年文明史，也许先民曾将蟋蟀像雀儿那样作为图腾崇拜过。上海人因其地理位置、移民文化等原委，曾与蟋蟀结下不解之缘。也就是说，上海人玩虫历史悠久，自青浦青龙港作为上海最古老的对外口岸与外界交流以后，唐宋元明清各代，均有公子哥儿携雄奇的北方虫文化来与上海的虫文化交融。

上海人玩虫盛于明清两朝，当时因皇帝喜欢蟋蟀，便将全国玩虫之风劲吹了数百年。上海的七宝因土壤、气候特别适宜出恶虫，故成了进贡名虫，让皇帝老子龙颜大悦的风水宝地。据虫界传说，旧时皇帝点了全国 7 处县乡进贡名虫，即：山东的宁阳、宁津、乐陵；浙江的杭州三堡、绍兴道墟；安徽的宣城；上海的七宝。七宝人至今都为此荣耀而沾沾自喜。于是，上海"虫迷"以七宝为圆心，将玩虫风暴一路刮向民国，乃至建国后的"文革"前。

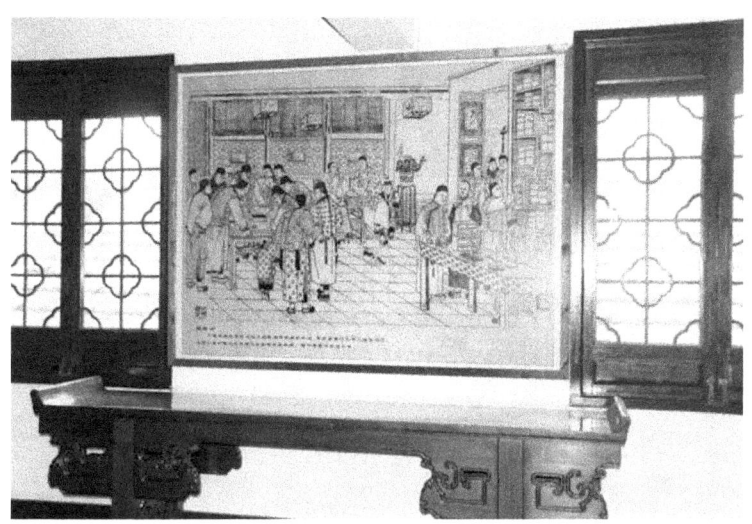

光绪年间,七宝斗蟋图

古人对蟋蟀的描绘

虫文化一景

明清之际,松江府送虫给皇帝欣赏,车翻,虫儿逃入七宝

在农耕文明时期,上海有着得天独厚的大量良田,以及千百年来星罗棋布的无数青灰老宅,因而每年一到枫红谷黄的秋兴,蟋蟀便如蝗虫般杀将出来,只乐得"虫迷"如痴如醉。当时,上海的城市范围远比现在小,仅以跑马厅(今人民公园)为中心,向东过黄浦江,浦东乃是典型的乡村;向西过中山西路,从今天的虹桥宾馆向前全是农田;向南从天钥桥、枫林桥过肇嘉浜(已于1956年填没,现为肇嘉浜大道),即为田野农舍;向北从乌镇路桥、舢板厂桥(今恒丰路桥)过苏州河已算郊区。更兼市区许多深宅老院、花园洋房、公园墓地、衙门学校,蟋蟀也多似蚂蚁。如,静安寺洋人墓地(今静安公园)、八仙桥外国坟山(今淮海公园)、哈同花园(今上海展览中心)、丽都花园(今上海市政协)、法国公园(今复兴公园)、丁香花园等都是出大将军的宝地。

大上海的茫茫田野,宛若蟋蟀的"黄埔军校",其培养大将军的著名乡村有:青浦的青龙港、白鹤、香花桥、重固;上海县的西郊、梅陇、漕河泾、华漕、北新泾、莘庄;嘉定的陆杨桥、江桥、南翔;浦东的杨泾、三林塘、三灶等等。七宝是出名虫的龙头!旧时有一个笑话,称七宝自古饿不死人,指的是七宝一个老农,清晨捕到一条"大头红牙青",遂摇船从蒲汇塘到蒲肇河,拐入肇嘉浜至斜桥,再摇向仪凤门(今老西门),驶抵朝宗门(今大东门),上岸与虫贩交换一船大米,然后返航,夕阳西下时回到七宝,真是其乐融融。

上海是中国近代最早的通商口岸之一,商品经济十分发达,至民国时期成了全国的金融、工业、文化中心,"虫迷"们也趁机搭顺风船,掀起了波涛滚滚的蟋蟀经济,乃至形成了今天仍然兴旺发达的蟋蟀市场。

在旧上海,蟋蟀市场主要集中在四马路(今福州路),当时数以百计的店铺、上千只摊档吸引了许许多多游手好闲的阔少、小开、二流子和无业游民,包括各级政府官员,号称东方一大景观;同时,老城厢内城隍庙后面的蟋蟀市场也遥相呼应,声势壮观。斗转星移,至上世纪50年代,

1980年，上海黄陂南路非法蟋蟀市场，老外也来凑热闹

自发地形成了两大蟋蟀市场：人民广场东南角和新闸路、泰兴路一带；"文革"初期，蟋蟀市场移到人民广场西隅，后因"破四旧"，被全部冲掉了。直到中共十一届三中全会后，自发的蟋蟀市场才在黄陂北路到人民广场边缘处恢复。1986年秋天，政府顺应民意，正式开辟东台路（今文物市场）蟋蟀市场，从而导致今天的几十个蟋蟀市场在合法经营。

## 硕果仅剩的"七宝虫王"

千百年来，在一代又一代玩虫大军中涌现了不少玩虫高手，我们姑且称之为蟋坛精英，抑或虫界老克勒。从旧上海一路杀过来的玩虫高手有：原上海蟋蟀研究会顾问火光汉，他乃上海滩第一看虫老法师；原上海蟋蟀研究会理事长边文华，他著有多本《蟋蟀选养与竞斗》；"江南草王"

余新昌,他的一根"黄狼草"能使蟋蟀反败为胜;蟋坛"常山赵子龙"潘志链,他曾得过大江南北长城杯蟋蟀大奖赛冠军;其他还有笔者幼年所拜的玩虫启蒙老师——"武汉虫王"唐老太爷、静安虫师卖香烟老头……

不久前,笔者蓦然发现如今田野已被开发殆尽的七宝,有一个玩虫家族,他们成了七宝古镇上蟋蟀草堂的活标本。这个玩虫家族姓方,共兄弟6人,几乎都是玩虫高手,其中年逾八旬的长兄方胜荣在旧上海捕到一条天下无敌的"李元霸";小弟方达利则集40年之功,将平生所捉到的五十多条七宝名虫做成标本,从而为已成历史的七宝虫乡留下了一笔丰厚的遗产。由此,方氏兄弟当之无愧地登上了"七宝虫王"的宝座。

据已经双目失明的方老大云,方家祖上出过一位宫廷虫师,所以方氏兄弟的血管里流淌着老虫师对蟋蟀的深厚情怀,自然也遗传到了祖先的玩虫绝招儿。方老大从6岁起玩虫,并没有拜什么老师,居然由一个文盲成长为名扬七宝乃至上海的虫界后起之秀。他人生最得意最辉煌的一页,便是1947年白露前夕在哈同花园捉到一条红虫,俗称关公虫,它打遍天下无敌手。当时,他捉到关公虫后欣喜若狂,一口气奔到静安寺的一家茶馆,请一位虫界名家宋老太爷鉴定。宋老太爷揭盖,只见一道红光扑脸,关公虫挥动双须,在盆里四处巡梭,然后挺立盆中央,昂首仰视苍天。宋老太爷几乎看傻了,良久才对方老大说:"小阿弟,这条虫百年不遇啊!这是哈同显灵,活该我们发财啊!虫让我养吧,以后每次斗赢了,我让你抽头,好吗?"方老大当时既年轻,又没钱,对宋老太爷的建议当然同意。

随之,宋老太爷每次去场子里斗虫,必让关公虫出场;而且,他每次都通知方老大去观战。关公虫第一场战斗,就在"梅龙镇"的楼上,对方是戈登路(今江宁路)虫霸郑老爷,他出场一条"天蓝青",此虫以一口咬死敌手而闻名。双方下赌注一千大洋,结果双虫入盆,仅一只"喷夹",关公虫突然发力,一个"吅单匹",将"天蓝青"的一只牙齿咬裂,败将跳出盆外,落荒而逃。初战告捷,宋老太爷赏方老大5块大洋。接着,关公虫又六战六胜,直打得上海滩无人敢应战。而每次宋老太爷都抽5块大洋给方老大,那一年方家的生活得到很大改善。

1952年9月初的一个黎明,方老大在七宝东正教堂背后一块大石头下,捉到一条"嘎嘎嘎"恶叫的"油青披袍",也是一路上风,最后杀到人民广场,被一位小开花高价买去了。从此,直到他眼睛失明,捉到许多七宝恶虫,其中一些给方小弟做了标本。如今,他还常常摸索着来到蟋蟀草堂,沉浸在"七宝虫王"的美好回忆之中。

## 旧上海豪赌客一战掷万金

蟋坛有句名言:十养九赌。赌博这玩意儿如同有了人,便产生出性和淫乱一样,它是拜金主义的一大法宝。老上海人以虫赌钱,虽比古罗马奴隶主用奴隶角斗文明,然其速度快、赌注大、够刺激,因而也演绎了不少"虫迷"的悲喜剧。

旧上海斗虫豪赌有三大中心:一是东方饭店(今工人文化宫);二是老城隍庙湖心亭;三是兆丰公园(今中山公园),尤以东方饭店为最。据唐老太爷在上世纪60年代初告诉笔者,上海人玩虫豪赌最疯狂的年头是1937年——"七七事变"之前,这段日子国家相对平安,物价平稳,稍有身份的人收入都比较高,因此人们在劳作之余,便中了魔似地迷上了蟋蟀。当年唐老太爷不过一介书生,竟也从武昌以一条"曝项白青"打天下,然后携恶虫溯长江而下,在上海滩威风过一阵子。

另据在新闸路、泰兴路摆蟋蟀摊的旧上海玩虫大将"小苏州"(一位白发老翁)在1965年8月底向"虫迷"们披露,1932年11月,他参加过东方饭店的一次豪赌。当时上海虫界赫赫有名的洪老板,以贝当路(今衡山路)上一幢花园洋房作赌注,与专程从杭州来的阔佬金先生对垒,金先生则押上了西湖南山的一幢小楼。

首先,虫界高手、黑道上的穴头,以及地头蛇依次进入场子。

来宾们饮过香茗,双方开始出场恶虫。洪老板出场一条"白肉淡紫重牙",它一进斗盆便挥动文武须,缓缓蠕动,吃草深沉地大叫3声,4颗红牙好似伟岸的南京中华门。金先生入盆的是一条精悍的骨牌型"红砂青",此虫看上去尚未伏盆,在盆里沙沙乱窜,无数道暗红的金光闪闪烁烁。

两虫吃草鸣叫,斗性冲天,监板(裁判)望望虫主人,厉声宣布:"将军八角、开闸、交口!"

平地雷霆一声响,两条恶虫均以饿虎扑食之势滚作一团。观众以为这场恶斗一定精彩。谁知仅3个回合,"红砂青"气运丹田,一个侧击,旋一口咬紧敌手,呼地一个"霸王举鼎",把"白肉淡紫重牙"悬在半空,嘴门撬翻。"红砂青"松口后,那条怪虫疼得头直往盆边撞,洪老板气得当场昏过去。这场豪赌当时虽已过去了三十多年,但"小苏州"回忆起来,仍不禁浑身哆嗦:"太厉害,太厉害,不要说恶虫这样的重口没见过,一口咬一幢洋房也算让我领教啦!"

在那早已流逝的岁月,旧上海每年还组织金秋蟋蟀擂台赛,其实是公开的赌博。于是,几乎每条弄堂、每幢石库门、每个街坊都搅和进去,汇成了一首气势恢弘的蟋蟀"英雄交响曲"。至于以蟋蟀聚赌,旧上海每年有"虫迷"为这些小精灵的"英勇奋战"而付出血的代价,且不说从斗虫到斗人,单就"虫迷"输得倾家荡产,从国际饭店跳楼、飞身跃入黄浦江而言,亦不在少数,我们应当吸取血的教训。

# "蟋蟀大将"

近年来,蟋蟀冲破禁欲主义的樊笼,在神州大地重振雄风,小精灵使成千上万的贫苦农民逐渐步入小康,由此涌现了一批捉虫专业户、贩虫大王……

在上海二十几个蟋蟀市场声誉鹊起的"蟋蟀大将"张桂柱,便是其中一位佼佼者。

## 闯荡上海觅虫经

"蟋蟀大将"张桂柱乃山东兖州县谷村乡人氏,自幼在这片淀积着深厚儒家文化的齐鲁大地摸爬滚打,不仅铸就了一副虎背熊腰的硬身板,而且陶冶了一腔豪爽侠气。

谷村位于中国"蟋蟀甲天下"的山东宁阳、宁津、乐陵三县的中心地带,这儿早自明清之际,便是地方官向皇帝进贡上品蟋蟀的风水宝地;而谷村也是出

这位山东农民声称,他的蛐蛐年年出大将

晚虫（指进入深秋才格斗凶猛的蟋蟀）的名乡。然而，在20世纪80年代之前，淳朴的山东农民压根儿不知道自家周围的蛐蛐儿（山东人对蟋蟀的俗称）是个宝，年复一年傻乎乎地守着破茅屋过苦日子。

1985年早秋，年方25岁的张桂柱望着茫茫的青纱帐，联想到父老乡亲祖祖辈辈因买不起牛，用肩头耕犁的穷困，不觉淌下滚滚热泪，遂决定到外面去闯世界。

是年8月，张桂柱跟随村里的年长者去上海跑运输，挣点可怜的脚费。8月下旬的一天黄昏，他饭后无聊便到街上闲逛，一下逛到了紧挨人民广场的黄陂北路，但见这条马路的人行道直至广场的绿化带，黑压压地挤着上千人。他感到奇怪，便一头扎进人堆，一看顿时心捣如鼓，热血沸腾，原来这儿是上海最大的非法蟋蟀市场！

当年，上海及江浙等地尚未掀起房地产热潮，乡村城市化也没有起步，因此这些地方的农村可以捉到大量蟋蟀，"虫迷"们便自发形成蟋蟀交易、赌博市场。张桂柱仿佛哥伦布发现新大陆，兴奋地在"虫迷"间钻来钻去，他发现市场里的蟋蟀都会变成钱，小到2角一只，大至几十元一只。忽然，他听到几声深沉、沙哑的虫鸣，循声而去，见到一位中年"虫迷"在与一个杭州农民讨价还价。那个农民指着蟋蟀盆里一只看不见屁股的大蟋蟀，斩钉截铁地说："100元，少一分钱不卖！"他们僵持一番，中年"虫迷"再次察看夕阳映照下威风凛凛的大蟋蟀，终于笑呵呵地买下了。张桂柱在旁边立马就像马克·吐温的小说《百万英镑》里的裁缝，看到大票子吓呆了一般，良久才缓过气来。

这笔蟋蟀交易宛若奔腾的激流，扭转了张桂柱人生的风帆。当时的100元，在张桂柱眼中无疑是一个天文数字。他想，俺家乡到处是蛐蛐儿，何不逮些拿到上海卖钱？

张桂柱返回家乡，即以忘我的热情扑进田野、破屋、荒山，地毯式地捕捉蟋蟀。白天，他踏入玉米地，双手叉腰，双脚趟着外八字步，将地踩得"噼叭"响,然后套蹦出土里的虫儿;夜晚,他打着手电,在村庄的墙角、石缝、猪圈里听声音逮虫。几天后,他就捕到几百条蟋蟀,但他毕竟是初试牛刀,面对这么多蟋蟀,根本看不懂虫儿的品级,不少还弄断了枪、须,甚至连不会斗的"棺材板"蟋蟀也网入盆里。

不过,这毕竟是张桂柱人生的一大收获,他带着这些蟋蟀再次跟车去上海,在蟋蟀市场很快脱手,虽然只挣了150元,却从中悟出了道道。由于自己不懂虫经,品级再高的蟋蟀也卖不出好价钱。不然,这几百条蟋蟀怎么会贱卖呢。这位孔子故里的农民确有大家风范,他痛定思痛,决定先学会虫经再做生意,磨刀不误砍柴工嘛。

1986年秋,上海在全国率先开辟了合法的东台路蟋蟀市场,一下子云集了2万余名"虫迷"。张桂柱在跑运输的过程中,抓紧一切时间到市场上看摊主摆谱、"虫迷"识虫,将各种门道暗记于心,回旅馆后记在小本子上。

这时,上海民间成立了蟋蟀研究会、友谊蟋蟀协会、蟋蟀俱乐部,张桂柱从"虫迷"口中知道了蟋蟀研究会理事长边文华、顾问火光汉、"江南草王"余兴昌、"蟋蟀五虎上将"潘志链等玩虫大亨的英名。

正当张桂柱在蟋蟀市场寻寻觅觅,苦于无法深造,倏地发现市场一隅有一位清瘦的卖蟋蟀盆老汉周围,不时有"虫迷"捧着蟋蟀让其鉴别。他立即靠拢,在旁偷听、偷看。几天下来,那位老汉与他有点熟了,听说他是山东谷村人,脸上呈现出崇仰之色,用一口浓重的苏北话说:"谷村可是与宁阳、宁津、乐陵一样,出'三王十八将'的蟋蟀圣地呵!"双方一热乎,老汉情不自禁地指点起张桂柱来。一天下午,一个"虫迷"捧来一条"红头大翅子",问老汉值不值500元,老汉察看一番,打一圈草,见虫儿发出"嘎嘎嘎"三声恶叫,一挥手道:"这条虫值1 000元。""虫迷"连声道谢而去,他显然庆幸自己的好眼力。

张桂柱见状,马上说:"俺去年也逮到一条这样的虫,结果只卖了27

元,唉——"

老汉摇一下折扇,拍拍张桂柱肩头说:"小伙子,不要气馁,你初出茅庐嘛,做生意跟打仗一样,胜败乃兵家常事嘛。这样吧,我收你为徒,你愿意吗?"张桂柱一听,眼含泪花,立即下跪,被老汉扶起,两双手紧紧地握在一起。

且说这位神秘老汉确是上海滩玩虫高手,旧上海斗蟋中心东方饭店(今上海工人文化宫)每次开斗,都要请他去配虫,只是他解放后隐姓埋名,以卖虫具为生了。老汉收张桂柱为徒时已74岁了,他悉心指导徒儿捉虫、识虫、养虫、打草,以及什么颜色的虫选用什么盆,什么时候斗什么虫,等等。

老汉告诉张桂柱捉虫的技巧,在早秋里必须全力以赴逮虫,但切忌大兵团作战,而要在每天夜里三更至凌晨曙光初升之间,去老宅、破庙、荒山、坟场听虫儿声音捉虫,捉虫也得懂"千军易得,一将难求"的道理。而白露前后三天出将军,这时候要发扬连续作战的精神,一定能逮到上品虫。

老汉还教张桂柱识虫的本领,他先送给徒儿一本《蟋蟀谱》,让其熟记青、黄、黑、紫、红、白六大虫系的各类名虫,然后领着他在市场里一一识别。同时,老汉谆谆告诫张桂柱,选虫一定要挑大头、阔项、真皮真色、六爪长、肉身细的蟋蟀,以及如何识别虫儿"干、老、细、糯","长不斗圆、圆不斗方、方不斗异","嫩不斗老、低不拼高"等法门……

整整3年,张桂柱在跑运输之余,全身心扑在虫经上,边实践边读谱(他自己又买了两大册虫谱),于1989年秋季才正式上阵。

是年8月初,张桂柱不跑运输了,一方面在家乡捉蟋蟀,另一方面去宁阳、乐陵搞批发,然后贩至上海。8月中旬的一天凌晨,他在村里一片断墙前,突然听见一声清脆、洪亮的鸣叫声,他听准方位,头顶矿灯,如野猫般窜过去,见大虫在墙缝里,刚准备用竹签拨虫,虫儿一惊,缩进去了;

他耐心等待半个时辰,虫儿又叫了,这回他从侧面贴墙爬过去,俯身迅捷地将虫儿挑进网里,在微明的曙光中,显示出一条不可一世的"大头青三色"。

张桂柱带着这条上品虫和几十条大虫,胸有成竹地踏进上海蟋蟀市场,一摆出"大头青三色",立即吸引了一大帮"虫迷"。他开价1 000元,一个"虫迷"不买账,拿出一条"乌斑黄"与其格斗。孰料,两虫相遇,"乌斑黄"的长须一搭"大头青三色"的须,马上感觉出了分量,连连后退;"大头青三色"一个勇猛的攻击,钳住敌手,一个"霸王举鼎",将"乌斑黄"高悬半空,嘴门撬翻,直惊得众"虫迷"大声喝彩。结果,"大头青三色"以800元脱手。

经过深造后的张桂柱旗开得胜,从而为他以后的11年中虫生意越做越大,奠定了坚实的基础。

## 盖世英雄"虫大侠"

张桂柱步入蟋坛,做生意后牢记师傅的三大教诲:一是要做儒商,卖蟋蟀必须讲"诚、义、信";二是不怕吃苦,争取年年出将才;三是弘扬祖国虫文化,使"虫迷"的品位不断提高。

张桂柱从每年8月初至9月10日之间,一边捉虫儿一边收购,然后在山东、上海两地跑生意,平均每天仅睡4个小时。尤其在半夜捉虫儿,精神高度集中,稍有睡意袭来,他马上拿毛巾去河里洗脸,或者擦清凉油;实在困极了,干脆猛抽香烟提神。一段日子下来,他身上掉了十几斤肉,眼圈发黑,眼珠血红,由此他才能在茫茫虫海中捕到大将军。张桂柱去宁阳、乐陵收虫也与众不同,他往往肩背旅行袋,内置众多食品、香烟,到目的地后与乡亲们交朋友,然后请他们捉虫。那些一抽烟就精神倍增的成人,一吃糖果糕饼便兴高采烈的孩儿,发了疯似地四处去战斗。几天以后,张桂柱一下网罗进几千条虫。他喜气洋洋回到家里,从中选出大虫准备去上海卖,其他中等以下的全部放归田野。他这么干既保证了自己虫儿的品级,又引入了宁阳、乐陵的虫儿,这些虫儿与谷村的三尾子交配,若干年后谷村的虫品将更上一层楼。

从1990至1992年,张桂柱的足迹遍布当时上海开辟的文庙、浏河路、飞虹路、上海火车站、曲阳、曹安六大蟋蟀市场。在这些全国各地蟋蟀英才汇集的场所,山东虫的声名日益显赫,特别是山东虫在1991年上海"维力多济公杯蟋蟀大奖赛"、1992年北京"长城杯大江南北蟋蟀大奖赛"中称王称霸后,更是身价百倍。

在11年的蟋蟀生意中,随着山东蟋蟀称雄神州,张桂柱本着不卖"贰先生"(指斗输过的虫)、不诈"虫迷"、价格公道且蟋才辈出、广交虫友四大宗旨,他的名声日益响亮,以致上海虫界称其为"虫大侠"。

张桂柱在这些年里,究竟卖出多少上品虫,也许他已难以计数了,但有两条恶虫给他留下了深刻的印象。

1996年8月下旬,张桂柱在一个下着蒙蒙细雨的四更天,经过谷村一片竹林时,突然听见一条比"烂衣"(指叫不出声音的名虫)叫声略响,但寥寥几声中充满野性、充满杀性的大虫鸣叫。他停下后,凭着自己多年捕虫的敏锐,很快听准叫声在竹林中央的根须里,然而,捉虫人最怕进竹林,此乃千古铁律,因为林子里的"竹叶青"蛇是剧毒的,谁敢去拼命。他考虑再三,觉得自己全副武装,可以入一次龙潭虎穴。结果,他飞速入林,等虫儿再叫,立即打开矿灯,一番拨弄,网住了一条近4斟的"白黄大翅子"。

张桂柱逮了这条恶虫,欣喜若狂,第三天便南下上海,在文庙蟋蟀市场亮相。那天中午,张桂柱正在吃盒饭,只见一位斯文的老先生慕名来买虫。老先生一一揭盖,见到那些"花项淡紫"、"真青麻头"、"油黄长衣"等,一连声说:"名不虚传,果然都是好虫。"他看了一遍后问道:"大侠,听说你逮到一条上品虫,可以看看吗?"

"大爷,俺确实逮了一条'白黄大翅子',您老尽管看吧。"说罢,张桂柱从牛津包里捧出一只民国初年的"天乐盖"搪泥盆,揭盖让老先生看。老先生一看,立即眼放光芒,只见虫儿在盆里来回穿梭,双须曼舞,如同一位白衣将军在沙场驰骋。

老先生立马大叫:"好虫,好虫,你开多少价?"张桂柱请对方先估价。老先生一脸虔诚,郑重地说:"实话告诉你,这条虫如果是赌徒来买,或者港澳台商人买到澳门葡京大赌场去咬钞票,起码可以开到 8 000 元。不过,我是准备拿这条虫参加友谊蟋蟀协会比赛的,所以高价出不起,最多 1 200 元。"

"行了,老先生,凭您老的眼力和派这条虫的用处,俺忍痛割爱了。"老先生当场激动得热泪盈眶,接虫后连声道谢。

事后得知,这位老先生是上海南市区政协委员,乃玩虫世家。当年中秋之夜,老先生捧着"白黄大翅子"参加友谊蟋蟀协会大赛,这条虫连克五城,进入冠亚军决赛,尔后又一举夺冠,获得一台金星 29 寸大彩电的奖励。

1997 年 8 月底,张桂柱从乐陵批来了一千八百多条虫,他在家整理时,居然发现了一条 4 斟半的"朱砂头墨牙青",这种恶虫几乎是百年不遇。当他准备拿到上海出售时,一个邻居将消息传到了一位天津"虫迷"耳里,那位"虫迷"遂三顾茅庐,与他建立了诚挚的友谊,终于以 1 600 元买到了这条虫杰。

## 乐善好施结善缘

说来也巧,张桂柱一位亲戚的儿子考上了华东理工大学,他们家为儿子凑学费,最后连耕田的大水牛也卖了。这下,张桂柱的亲戚又要回到人犁田的苦难岁月了。张桂柱听说此事,二话不说,怀揣卖虫所得的1 600元,直奔亲戚家,拉着他到牲口市场,花1 500元买了一头最好的水牛,作为送他儿子上大学的贺礼。

这样的买卖,正应了山东流行的一首民谣:"要致富,逮蛐蛐,'大翅子'顶头大水牛。"

1998年8月下旬,张桂柱从宁阳批回两千多条虫,他挑了整整两天,选出一条4斟半的"暴项紫黄",此虫面目凶狠,重心特高,绝对是大将军。他喜滋滋地带了"暴项紫黄"及百把条好虫,赶至上海南浦大桥蟋蟀市场。一连几天,他将其他的虫卖得差不多了,才摆出这条大将军。一天下午,几个"虫迷"来到张桂柱的摊前,他们揭盖看毕"暴项紫黄",知道虫儿非等闲之辈,彼此递个眼色,假装外行,问道:"这条虫土头土脑的,你开多少价啊?"

"这是'暴项紫黄',是黄门一级大将,也是俺今年最好的一条虫,"张桂柱急忙回答,"俺只要2 000元。"

"什么,你小子到大上海来捣糨糊了,这种草虫最多值500元。"一个脸上滚着肉疙瘩的"虫迷"一口歪话冲上来,其余几个家伙纷纷嘲笑张桂柱。原来,上海有些地头蛇"虫迷"经常欺侮外地农民,他们又以为捏到了一只"软蛋"。

张桂柱见这伙人来者不善,便一口回绝:"不,如果是草虫,俺宁肯自己养着呢。"这伙"虫迷"见对方关门,竟从袋里拿出500元非买不可。这下可惹火了张桂柱,他一个箭步跳到墙角,摆起一个少林拳架势,双目闪闪发光,厉声大喝:"不卖,就是不卖!"那帮家伙其实是真正的"软蛋",他们见山东大汉发怒了,马上吓得逃之夭夭。张桂柱干脆将大虫儿带回家乡,并且从此不再踏进上海南浦大桥蟋蟀市场。

然而,他一回到家乡,很快被一位干瘦的上海"虫迷"花2 000元买走了"暴项紫黄"。此人见张桂柱精通虫经,且做生意心一点不黑,感到十分敬佩,便认真地说:"你这条虫值 6 000 元,我占了便宜,谢谢你的大度,咱们后会有期。"第二年秋兴,他们在上海万商蟋蟀市场重逢后,张桂柱得知,1998 年"暴项紫黄"在苏州乐园进行的全国蟋蟀大奖赛中获取亚军。

张桂柱作为村里的蟋蟀元老,他的生意经带动了一批又一批贫苦农民,大伙儿八仙过海,各显神通,将当地的蟋蟀经济开发得红红火火。1999 年 9 月初,张桂柱的一个老乡创历史新高,将一条"金背三色"和一条"黑紫"各卖了 8 000 元,他们的生活也"芝麻开花节节高"。

2000 年中秋节,城里人正阖家团圆,只等夜晚吃月饼,赏一轮圆月,而张桂柱却仍然在上海曹安蟋蟀市场练摊儿,他打算卖掉最后十几条虫再回家。

夕阳西下,天色渐渐暗下去,张桂柱让一位白领人士挑走 6 条大虫后,情不自禁地抬头久久地望着北方、望着遥远的故乡……

# 蟋蟀市场奇遇记

年近花甲,怀旧情愫时时涌上心头,回首自己在大千世界闯荡的岁月,在平生采访的三教九流中,惟有与蟋蟀市场的一个"虫迷"的交道打得最奇特。

## 第一次打交道

1989年白露前夕,我向朋友借了一架"美能达"相机,装上胶卷兴致勃勃地去上海东台路(现为著名的文物市场)采访。因这儿是建国以来率先开放的合法蟋蟀市场,故每天都是万人空巷,人头攒动,热闹非凡。

踏入蟋蟀市场,放眼望去,狭窄的小路旁摆满了蟋蟀摊,老板、伙计与"虫客"的讨价还价声,蟋蟀争雄斗艳的"号子"声交织在一起,此起彼伏。忽然,我发现两拨"虫客"偷偷地闪入一条小巷聚赌。嘿,这真是天赐良机,我多次采访,均无缘一睹赌徒嘴脸,不料今日撞上了,这回非得留下他们的"倩影"不可。

于是,我怀揣相机,佯装"虫客"混入巷内。少顷,双方赌徒出虫亮相,一方以一个满脸横肉、眼放凶光的"板刷头"为首,上场将军"重青眉子";另一方以长得虎背熊腰的彪形大汉为首,上场将军"黄麻头"。双方议定虫主人赌200元,帮兄们各赌50元至100元不等。赌注下定后,由一个干瘦老头当监板(裁判),他手捏"黄狼草",在斗盆中打草引叫,顿时,两条恶虫以猛虎下山之势咬在一处。第一局"板刷头"输了。接着,这小子又拿出一条"大黑紫",对方大度地表示连斗,赌注依旧。

我瞅准机会,悄悄地从人丛中溜了出来,躲在5米开外的一棵梧桐树下,端起相机调焦、按快门,转身走人。

谁知时值黄昏,相机"咔嚓"一道闪光,惊动了赌徒,他们猛地跳起来,大吼着边骂粗口边向我扑来,尤其是"板刷头"因赌输了,更像一只丧心病狂的恶狼,瞪着血红的眼珠大叫道:"抓住这个特务,打死他!"率先冲过来卡住我的脖子。这时我被卡得喘不过气了,心中只有一个念头:"保住相机,保住胶片上珍贵的镜头。"遂把相机紧紧抱在怀中,将头撞向"板刷头"心窝,趁机一个箭步退到墙角,这样可以避免腹背受敌。

然而,赌徒毕竟人多势众,十几条如狼似虎的汉子围上来抢我的相机,拳头雨点般落在我的背上,"板刷头"还乱跳、狂吼:"打得好,打得好!"千钧一发之际,我使尽蛮力,高举相机跳起来大喝一声:"谁再敢动手,我是'业余蟋蟀大学'的教授,你们他妈的瞎了眼啦!"这一着还真灵,那帮家伙全镇住了。原来,自从玩虫开禁后,大批"虫迷"都希望有名师指点,以期靠斗虫搏成长须飘拂的赵公元帅。所以,蟋蟀市场每至晚上,便自发地办起了蟋蟀讲座,请玩虫高手传授"虫经",圈子里的人雅称为"业余蟋蟀大学"。

赌徒们射出既仇恨又狐疑的目光,"板刷头"一把揪住我衣领,厉声问道:"你凭什么是'业余蟋蟀大学'的教授?你为什么要偷拍我们?"

"信不信由你们。请问,今天是什么日子,你们不去捉虫,却来这儿斗虫,你们不配玩虫!"我干脆提高嗓门介绍起了玩虫经。"告诉你们吧,白露前后3天出将军,要捉'三王十八将'就在这几天;如果碰巧,再抓到'金枪三尾子'的话,那可是蟋蟀皇后啊,凡是与它结蛉的虫,都会生出万夫不当之勇。""板刷头"听着听着,手渐渐松开了。我继续说:"还有,斗虫也不是在白露,而要在中秋,看虫儿是否拉干屎、伏盆了。你们那些虫还嫩得很,咬掉了牙浆废虫一只;最后告诉你们一个秘笈——"

我故意拖长声音,卖起了关子。

赌徒们听得十分投入,不知不觉中放松了警惕,我瞅个空隙,从斜刺里冲出重围,一口气奔到蟋蟀市场管理所。赌徒们不知我的身份,生怕留下聚赌场景,"呼"地一下尾追过来,非要我将胶片曝光。"板刷头"又冲在第一,并口口声声说:"如果不念你是'业余蟋蟀大学'教授,今天非捧扁你不可!"

躲进管理所,我便不怕他们抢相机了。为了保住胶片,也为了避免再遭赌徒毒打,我还不能向管理员讲出他们聚赌的真相。如此相持了一个多小时,天已经完全黑了。我正着急,突然星光下飘然而至一拄杖老翁,凭着他一阵又一阵猎鹰般的干咳声,我猛然想起,此乃我曾经采访过的1949年上海蟋蟀擂台赛冠军苏老先生,不禁心中大喜:"救星到了。"

果然,苏老先生一到,众赌徒立马不吭声了。可是,当"板刷头"向苏老控诉我偷拍他们聚赌时,他脸上露出一丝不快,悄悄地对我耳语:"自古以来,十养九赌嘛,你何必去拍他们呢。"最后,在苏老的调解下,我被迫将胶片曝光,然后饿着肚子,忍着伤痛,无精打采地斜背相机,消失在茫茫的夜色之中……

## 第二次打交道

1999年白露那天下午,我慕名去新开张的上海万商蟋蟀市场采访,该市场坐落在西藏南路,恰在昔日的东台路蟋蟀市场斜对面。然而,光阴似箭,一晃10年过去,如今市场经济意识已然深入人心,上海也开辟了二十几个蟋蟀市场,我对这块神奇的"风水宝地"的采访,再也不必偷偷摸摸了。

跨入万商蟋蟀市场,我端着"佳能"相机尽情地摄下了各种交易镜头,不知不觉踱到一个角落,猛听得一声炸雷也似的山东话:"妈了个鸟,俺卖蛐蛐儿已经8个年头了,哪年不是卖大将军!"我赶紧疾步上前,只见一堆人围着一个摊档,在听一个山东大汉自吹自擂。未几,那山东大汉又吼道:"你们不相信,俺先斗给你们看,怎地?"说罢,他揭开一只盆,显出一条"黄头白青",然后,他又从另一只盆里倒进去一条"红牙青",两虫相交,仅一只"喷夹"、一只"猪猡","黄头白青"便高奏凯旋曲了。众"虫迷"齐声喝彩,山东大汉再倒入一条"黑紫",竟被"黄头白青"一个"拆口",繁须咬断,跳出盆外。山东大汉快乐地仰首喝道:"俺今天大放血,这条蛐蛐儿卖300元!"几个"虫迷"立马扑上去抢这笔生意,最后被一位"老法师"买去。

  这下,山东大汉可威风了,当他得意洋洋地仰天大笑时,我不禁一愣,这家伙的脸怎么那样熟啊,似乎在什么地方见过。我再仔细端详,原来这条"山东大汉"竟是10年前恶狠狠揍我的"板刷头",只是他头上的"板刷"比当年长长了,岁月的风霜将他脸上的皱纹刻深了些,鼻孔中偶尔露出几根白毛,眼圈发黑,其他的一举一动,依然如一条"恶狼"。此刻,我蓦然升腾起复仇心理,想当面揭穿"板刷头"假冒山东大汉卖虫的伎俩,然后鼓动"虫迷"狠狠揍他一顿。但是,这个念头一闪而过,我毕竟在人生的驿站又经历了10年的风风雨雨,肚量已撑得下一艘船,何不趁机采访一下这位冤家,探究他摇身变成"山东大汉"的秘笈呢。

  于是,我在"板刷头"的摊档旁耐心等待,只见他在一个多小时内,又如法炮制,做成几笔交易,直至日落时分才得空隙。

  我靠近"板刷头",用上海话对他说:"朋友,你的生意经不错嘛,居然斩了好几个'洋葱头'。""板刷头"一惊,慌忙答道:"老哥,您说啥哩,俺听不懂。"但他的脸色已变,毕竟心虚呢。

  沉默片刻,我干脆亮"板刷头"的底牌:"朋友,别装腔作势了,10年前我就看你在东台路蟋蟀市场卖虫了,多年不见,你怎么变成山东人了,啊——"这下可击中了他的要害,他脸上渗出点点虚汗,圆睁环眼,仔细地打量我。10年来,我已苍老许多,且戴上了眼镜,他无论如何也回忆不起当年的一幕,便怯怯地用上海话问道:"阿哥,你是干什么的,怎么会认得我的呢?"

当我亮出记者身份,说明要采访蟋蟀市场,以弘扬中国古老的虫文化后,"板刷头"的戒心消除了,爽气地说:"啊,你是记者,请多关照,在文章中一定要写写我呀!"接着,他叙述了自己变成"山东大汉"的奇特经历——

"板刷头"是70届中学毕业生,在"读书无用论"的年代里,他仅仅学会了一样本领——玩虫。1979年,他从崇明长江农场返沪,顶替母亲在一家菜场工作,1988年该菜场拆除盖大楼,他就全身心投入秋兴玩虫之中。斯时,"板刷头"尚是一条光棍,故生活不成难题。然而,1992年他与一位安徽金寨的外来妹喜结秦晋之好后,翌年生下一对龙凤双胞胎,一家4张嘴顿时将他逼入生活的低谷。

90年代初,正是山东宁津、宁阳、乐陵蟋蟀崛起,称雄天下的当口,"板刷头"置之死地而后生,竟一头扑进齐鲁大地,一面苦学山东话,一面拼命捉虫,然后回上海设摊。因为上海人玩虫以赌为主,即使设摊,谁也不肯出售大将军;但山东人重信义,在上海虫界口碑很佳,这就让"板刷头"抓到了机遇。

经过3年的勤奋,"板刷头"已变成一个纯真的"山东大汉",况且他从来不卖"贰先生",凡售出的大将军按质论价,只不过要耍自相残杀,以招徕"虫迷"的花招而已。"板刷头"以蟋蟀为生非常辛苦,在早秋里每天仅睡3至4个小时,且在山东—上海之间来回穿梭;同时,其妻也学会了养虫,在家伺候"小精灵"。在"板刷头"夫妇的不懈努力下,他们的基本生活有了保障。但是,当"板刷头"想到将来儿女的升学,解决住房困难,以及生病等问题时,不禁忧心忡忡,遂决心明年要加倍奋斗!

采访结束，"板刷头"要求我千万别披露他是上海人，怕断其生意呢。其实，一个人只要讲诚信、做儒商，又何惧之有。最后，"板刷头"请我为他照张相，登在报刊上扬扬名，这对明年的生意绝对有利。遗憾的是，这时我的相机中的胶片已拍完，只好另约时间了。

残阳如血，喧闹了一天的蟋蟀市场沉寂了，附近的酒楼里倏地响起了疯狂的乐曲。面对这样一位在社会底层苦苦挣扎的"冤家"，我的复仇心理飞到了九霄云外……

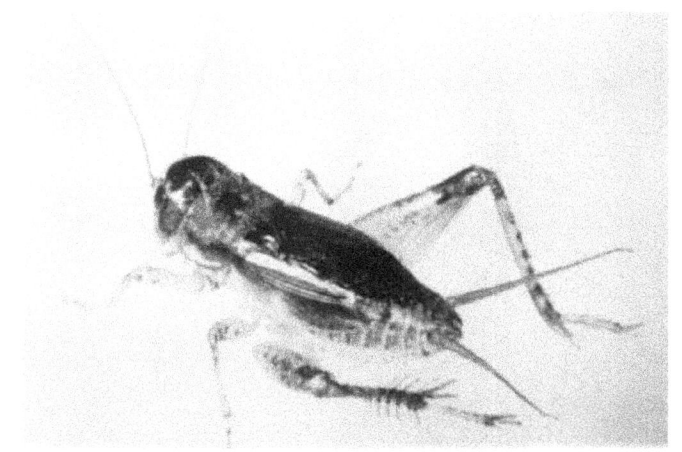

线腿

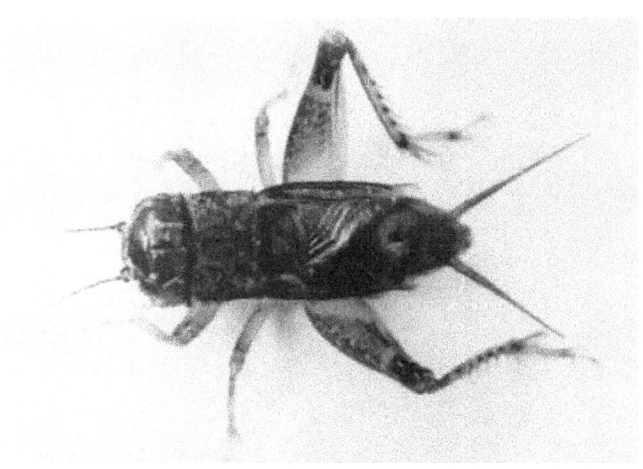

脆须

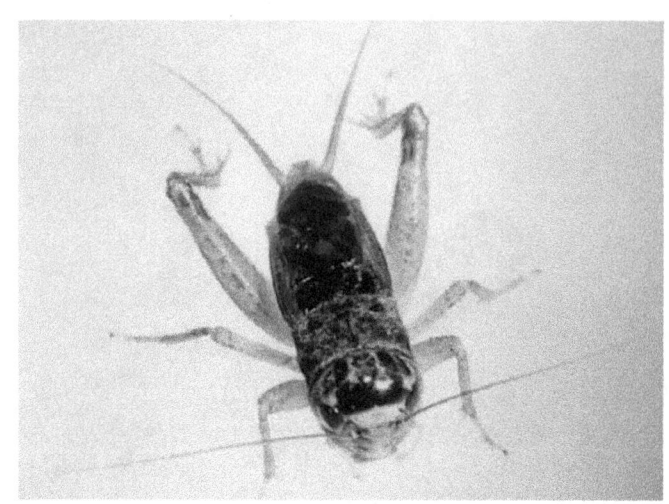

花头玉顶

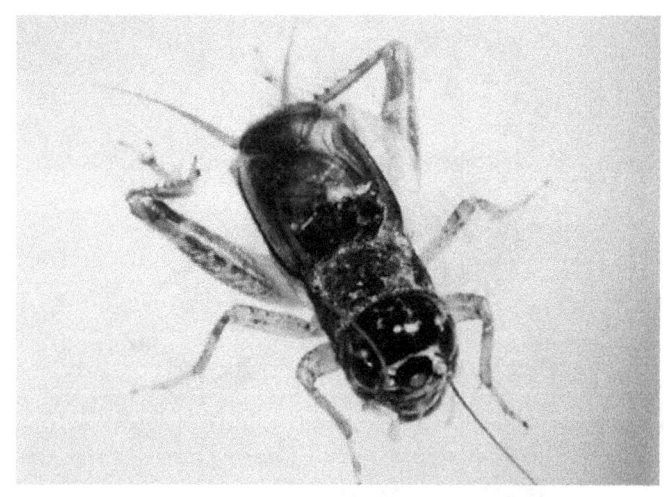

小三色大翅

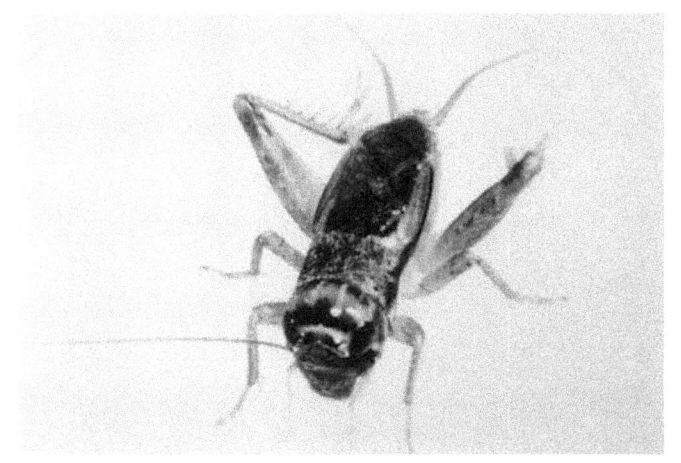

天黄眉子

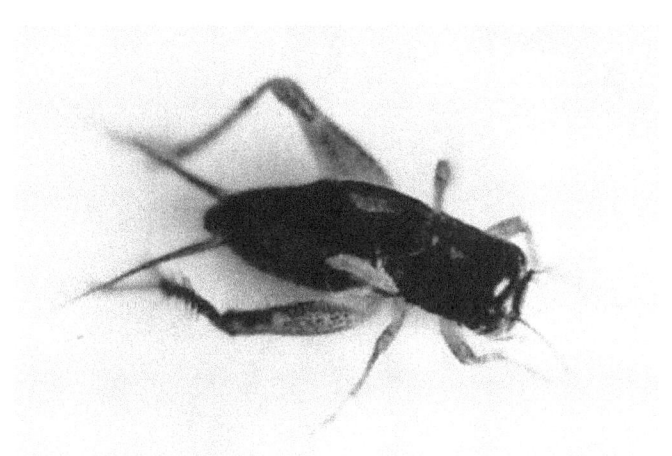

左旗

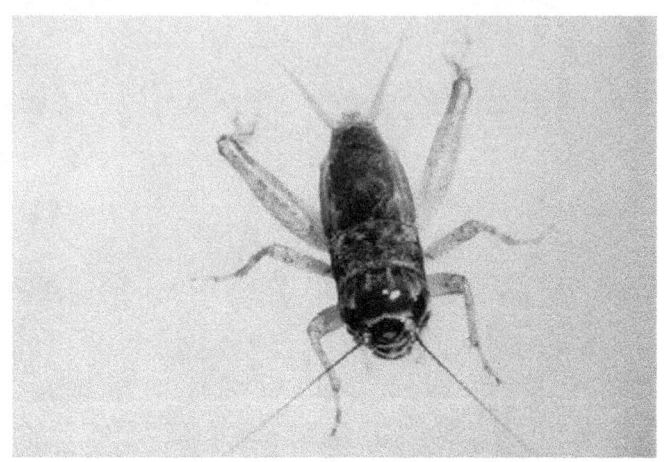

八紅

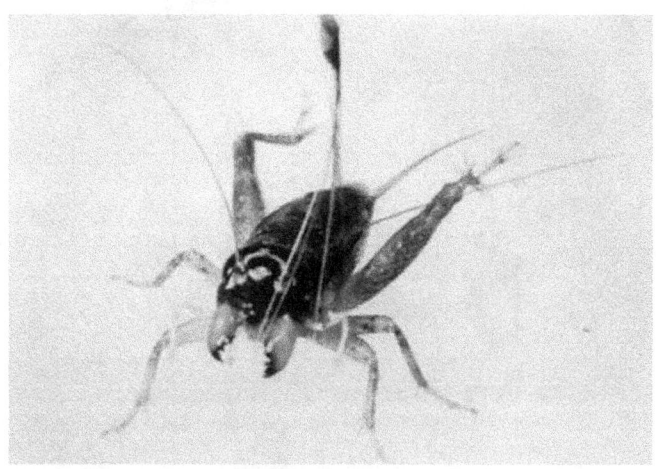

真紅

造桥夹

葫芦架

# 当年捉蟋蟀的快乐

在乡村城市化狂飙突进之前,上海曾是"虫迷"的乐园。现在高楼大厦林立的西郊、虹桥、漕河泾、七宝、梅陇、莘庄、浦东等,在三十多年前呈现一派田园风光。每至秋兴,无数蟋蟀振翅高歌,给庞大的捕虫大军带来无穷乐趣;不像如今的"虫迷"千里奔波,远赴山东、河北、河南等地买虫,以致失去了亲手捕虫的体验。

回首往事,有几次捕虫经历令我终生难忘。

1970年8月底的一天下午,我和一位"虫友"从市区一路走到西郊虹古路,跨过一座独木桥,便来到一个竹林掩映的村庄。当时正值一场暴雨过后,整个村庄一片翠绿,在清新的空气中响起了蟋蟀的大合唱。我们没花多少时间,就在一些废砖下、草丛中、竹林边缘(竹林不能进,内有剧毒的"竹叶青"蛇)捉到不少蟋蟀。那些村民见我们没在他们的自留地里捉虫,便微笑着看我们耍猴般跳来跳去。黄昏时分,两位农家少年捧出十几个竹筒,说里面都是凌晨捉到的大虫,只要换一斤半粮票。我袋里正巧有前几天斗虫赢来的两斤粮票,遂取出一斤半换下那堆竹筒。

天黑时我们满载而归,父亲见状大喜,立即拿个大脚盆放在桌上,然后将蟋蟀盆和铅皮罐置于脚盆内,我们才一一放虫出筒。就着日光灯,挑出两条恶虫,一是"黄烂衣",一是"紫烂衣"。翌日,这两员大将挥动双须,杀遍弄堂无敌,威风了好一阵。

1971年白露前夕,我和弟弟来到梅陇(现在的梅陇文化馆附近)捉虫。我们先在农民已收获过的毛豆地里捉了一些,但觉得缺少大将军,便找到一块荒草地。我手握大椎子,边听虫声边撬草根,凡是套住小虫,一律扔掉,一个多小时下来,仍无收获。接着,我干脆走到没有蟋蟀叫声的地方,凭眼力找虫洞。果然,我很快找到一个小洞,先用网罩在洞上,再将椎子从洞的旁边撬下去,一刹那,呼地一条大虫窜入网内,我在阳光下一照,乃是"银背三色"也。我们赶紧回家,养在一只配红木盖子的"和尚盆"里。

孰料,翌晨这条大虫竟将红木盖子咬得仅剩一层皮,差点让它逃了。我手捧大虫,给它起个绰号"铁板牙"。从此,无论何方"虫迷"前来会战的蟋蟀,没有一条咬过"铁板牙"一口。

1972年9月上旬的一个晚上,我和几位中学同窗结伴,慢慢逛到漕溪路、漕宝路交界的菜地里(今地铁一号线漕宝路站)捉蟋蟀。记得那是一个相当于足球场般大的冬瓜地,我们捉到深夜,觉得没啥大虫,便沿着漕宝路寻寻觅觅,转了一圈回到今光大展览中心的几大堆砖块处,听到砖缝里传出洪亮的虫鸣声。

于是,我们从下半夜一直捉到日出东方,我用小钢钎从砖缝里挑出不少大虫。早晨归家,父亲见我捉到大虫,又是一番感慨,还回忆了自己少时捕到的好虫。忽然,我落入盆中的一条"大头淡色面"嗖地跳出,一下子窜到祖母的床下。我立即鼠窜而下,一手打开电筒,一手套虫,等我灰头土脸地钻出来时,惹得祖母和父母亲哈哈大笑。第二天放学,这条大虫旗开得胜,猛挥程咬金三大板斧,为我赢到一只民国初年产于苏州的黄高盆!

1974年9月2日,我和邻居骑着自行车,奔赴父亲刚调去工作的南汇六灶公社捉蟋蟀。我们吃罢晚饭,仅睡了3个多小时,便摸到公社里面的新华大队捉虫。斯时,民宅角落、自留地、猪猡棚中的大虫,纷纷投到我们麾下。天蒙蒙亮时,父亲将我们从田野里唤出,带我们去公社的小工厂捉蟋蟀。但见父亲老将风采不减当年，从乱石堆和废铁器中套住几条好虫。倏地，我指着父亲套到的一条白虫赞道："爸爸，这是一员白衣小将吧！"父亲笑着回答，此乃刚脱壳的嫩虫，转眼白色就会褪去。他的教诲，使我的虫经更上一层楼……

这次，我们捉到几十条好虫，回上海后被南京西路的"虫友"蒋师傅骗去一条"红头条虫"和一条"紫沙青"。据说，蒋师傅靠这两条恶虫，赢到了一台"蝴蝶牌"缝纫机，为他当年10月16日举行的婚礼增色不少。

一晃，几十年飞逝而去，每当秋季我忆起当年的捉虫情景，尤其是眼前浮现长辈与我同乐的音容笑貌，便不能自已……

# 仲夏斗飞蟋

蟋蟀善斗,千百年来从宫廷到民间,早已名扬四海;而一种长翅膀的蟋蟀,俗称飞机蟋蟀会斗,却鲜为年轻人所知。

飞蟋蟀个儿比蟋蟀小一半,头尖屁股长,色泽如酱油,每年从7月上旬起便开始南征北战。四十多年前,上海城市尚未改建,每晚在路灯下、居民楼房的墙上,以及商店门板的缝隙中,都能捉到飞蟋蟀。如今,随着现代化城市的崛起,上海城内已觅不到这些小精灵了。如果"虫迷"兴致高昂,必须奔周庄、同里、南浔、乌镇、西塘等保留明清古宅的江南小镇,方能逮住飞蟋蟀。

记得余少时,即上世纪60年代,每当仲夏夜,我们院子里的小伙伴们便带着竹筒、蟋蟀网沿着北京西路的一盏盏路灯,搜索在空中飞累而稍停街沿的飞蟋蟀,往往一个晚上能抓一二十只。深夜返家,兴致勃勃地在闪着蓝光的八瓦日光灯下,将飞蟋蟀的大腿捏住,一一拔翅、开斗。

更大的收获则是每天早晨9:00前,我等小"虫迷"一路小跑到南京西路,分别等候在店堂门口,一俟营业员拆去门板,那门缝里立即跳出众多飞蟋蟀,直乐得我等左扑右套,满载而归。当时,南京西路店堂门缝里飞蟋蟀最多的有蓝棠皮鞋店、博步皮鞋店、景德镇瓷器店、永明文具店、环球水果店、老大房食品店、九和堂中药店,以及一些服装店。

我等捉回飞蟋蟀,便分成格斗队,以甲、乙、丙、丁形式开斗。那些飞蟋蟀在虫盆、铅皮罐里直杀得天昏地暗,我等高兴得忘乎所以,不仅将暑假作业扔到了爪哇国,甚至忘记了吃午饭……

几十年后,余已难见可爱的飞蟋蟀了。惟有一次难忘的古镇之旅,让余又圆了少年美梦。

1996年7月中旬,余陪几位朋友去周庄,晚上在古宅的墙上轻而易举地捉住十几条飞蟋蟀。回到宾馆,在明亮的灯光下置一"天乐盖"灰盆,将两只飞蟋蟀的翅膀拔掉,遂放入盆中开斗。余用须草(乃陈年黄鼠狼胡子所做)轻轻引牙,左右、前后,两只飞蟋蟀振翅而鸣:"滴滴滴——"

余猛一抽草,两只小巧玲珑的飞蟋蟀以"小罗成"冲阵之势,发疯般咬在一处,先打几只"滚夹"、"沙——"地弹开,旋又恶狠狠冲上去再咬,双方一个"搭桥",甲虫将乙虫一只"猪猡",乙虫痛得发出一连串的"滴滴"之声,按行话此乃败叫,也即放"急屁",很快此虫落荒而逃。

接下来十几只飞蟋蟀都斗得十分精彩。

朋友们高兴得手舞足蹈,提议最后一对开斗时不要拔翅膀。余遵命,将虫儿放入盆中,谁料小厮们尚未等余打草,已咬将起来。几个回合后,一只黑油油的飞蟋蟀被对方咬出珠水,居然一下飞到盆沿,再狠杀一个回马枪,将敌手的一只抱耳爪咬断,以致败虫疼得飞出盆外、飞出屋外、飞向星光灿烂的夜空……

# 月夜捉虫记

我曾经是一个蟋蟀迷。每当秋风乍起,我只要听见小精灵那无比美妙的"交响曲",看到它们横刀立马,捉对儿杀得昏天黑地之时,一颗心便飞回业已流逝的岁月。

印象中,大约在我三四岁时,父亲从南汇老港捕回几只蟋蟀让我玩,奶奶还讲些湖南老家秋兴斗虫的往事,我从此对虫情有独钟。

我自懂事起,便在每年早秋去街心花园、郊外野地捉蟋蟀,大小"战斗"不下百余场,其中给我留下深刻印象的,是1975年8月底,在南汇六灶公社捉"大头紫鸡"的两个夜晚。

当时,我在上海一家破旧的工艺品厂打工,在知识荒芜的年代里,我最大的乐趣乃是玩蟋蟀。由于父亲被下放到六灶,我就有了捉虫的大本营。那年赶着虫儿蜂拥而出的大好时光,我请了两天事假,兴致勃勃地奔赴"沙场"。

第一晚子夜时分,我穿上一套旧军装,脚蹬高帮回力鞋,单枪匹马去巡梭菜地、猪圈、村庄和荒野。两个多小时过去,始终没听见一只大虫的鸣叫声。然我根据多年经验,"大将军"一般都在凌晨3点以后才叫的,故耐着性子继续搜索。果然,一个多小时后,在一间即将倒塌的生产队废弃老房子的墙垣,传出了几声"嘎、嘎、嘎"的苍凉虫叫声。我心头一震,立即断定这是一只大"鸡",遂像野猫般"嗖"地窜至墙下,憋住气静听方位。谁料,这虫儿放刁,愣是不再出声,我万般无奈,被迫撤至老房子前的一片草地，仰天躺下，望着一轮圆月和满天繁星，更耐心地等待它开金口。

当天际泛起一痕金带的黎明前夕，这虫儿终于又连叫数声，我一阵兴奋，悄悄地爬到墙下，很快听准它躲在一条墙缝内。我迅捷地打亮手电筒，但见虫儿两根长须在急剧飞舞，一颗闪光的大圆头露将出来，我急忙用草秆挑虫儿的枪。可是，当我凑上虫网时，虫儿狡诈地一缩头，不知钻哪去了。此后，虫儿直至天明，再不肯叫一声，但我并未泄气，而是掏出粉笔，在墙上画个大圈，等晚上继续战斗。

第二晚两点左右，我早早地坐在老房子墙下，等待那激动人心的时刻。一个半小时后，虫儿开始叫了，只是声调比昨晚更沉闷更嘶哑。我稳稳地打亮手电筒，用口咬住手电，照着虫儿的头颅，一只手用细钢钎挑它的枪，另一只手将虫网罩住墙缝；我心中默念"一、二、三"，呼地一下总算把虫儿挑进了网里，我马上吐掉手电筒，双手按住虫网。那虫儿好凶，在网里乱窜乱跳，还狠狠地咬我手掌。我知道自己捉到了一只千载难逢的极品虫，便在皎洁的月光下端详。呵，这是一条将近5斟的"大头紫鸡"！我不禁一阵心跳，浑身颤抖，就这么捧着网一路小心翼翼地回到父亲屋内。

我一进屋门，即大笑道："爸爸，我捉了一只'大头紫鸡'，它把我的手都咬痛了！"父亲大喜，立马翻身下床，拿出一只空瓦钵，我将虫儿放入，它即刻挥动双须，来回扫荡，活像梁山五虎将"双鞭呼延灼"。父子俩当场取出两只白天捉的大虫，下去一试"大头紫鸡"的锋芒。第一只"红牙青"下钵，被"大头紫鸡"一只"喷夹"，咬得一只牙齿上翘，落荒而逃；第二只"黄长衣"下去，被它一只"猪猡"，咬得似陀螺在钵里团团转，直乐得我们纵情欢笑……

# 马陆捕虫"走麦城"

深秋之夜,窗外草丛中断断续续的凄凉的蟋蟀鸣叫声,勾起了我在青年时代一段由共青团工作与捉蟋蟀相组合的离奇往事——

1976年夏秋之际,厂领导向全厂职工传达了一个上海市委红头文件:中央政治局常委张春桥视察了青浦白鹤镇上的达丰铸造厂后,对该厂团干部通过陪青工捉蟋蟀而做思想工作的新生事物大加赞赏,并号召全市团干部向达丰厂团干部学习,云云。当年,我既是一名团干部,更是一个超级"虫迷",这份文件立马驱动了我的贪玩之心。

是年9月2日,我以响应市委号召为由,约了7名青工一起去咱们厂青工学农的大本营——嘉定县马陆公社邓乔大队东单生产队捉蟋蟀。下午3点,我们或调休或混病假或提早开溜,分头骑自行车集中于陕西北路上海市教育局边门,然后像武工队下乡那样奔向马陆。那年头的青工都很单纯,也没读过什么书,众人将捉蟋蟀这档事看作盛大的节日,我兴奋地说:"三国演义和水泊梁山里有威震天下的五虎将,我们厂则有闯荡天下的八大将,这次出征争取多捉几条恶虫,在上海滩威风威风!"

当年到了真如已是郊外,何况车辆稀少,我们放眼溢光流彩的田野,快活地唱起了革命歌曲《知识青年到农村去》。但做梦也想不到,几天乃至一个多月后,中国将发生震惊中外的"大地震"(毛泽东去世和粉碎"四人帮")!

夕阳西下时,我们抵达南翔古镇,遂学着古人样子,挑了一家建于清朝咸丰年间的酒楼(那时的南翔景色不亚于周庄),直唤"店小二"快快伺候。我们花四元两角点了一桌丰盛的菜肴,我又花三毛两分叫了4大杯冰镇啤酒,每人半杯下肚,益觉精神抖擞。

天际刚擦黑,我们已旋风般卷进马陆,与驻扎在那儿学农的青工联欢到深夜,便开始撒向四面八方捉蟋蟀了。我们兵分两路,以地毯式搜索,从农民的自留地到公社的棉花地,从生产队的仓库到猪猡棚,无不被我们翻得一塌糊涂。捉到凌晨2点,我们大汗淋漓,一身酸臭,然收获寥寥,于是我指挥大家跳到清澈的河里游泳,摘农民的黄瓜解渴。

至凌晨3点半,我们的战绩上升了,但肚子早已咕咕叫,大伙又摸到镇上,总算找到一家门虚掩着的面店,便窜进去点火煮面,吃饱再返回田间,连续作战。凌晨5点多,早早起床的农民去耕种自留地,他们发现有人钻在田里,立即大声喝道:"啥人,到伲地里来做啥?"吓得我们如丧家之犬,抱头鼠窜到公路上。

由于马陆主要产水稻,从来不出大蟋蟀,我们折腾了一个通宵,除了一位绰号叫"大宝"的青工捉到一条"黄头白青"外,其余人捉到的都是苍蝇的哥哥。然而,我却欣赏到了黎明中的农村风光:一轮旭日将田野、河流、村庄映照得红彤彤的,水牛犁田的前方,升起轻纱般的炊烟;几叶小舟,踏着澄澈的波浪,徐徐驶过一弯木桥,其景宛若一幅恬静、飘逸的耕读长卷!

忽然,公社的广播里传出一阵激昂、愤慨的男高音:"昨天夜里,有一股市里流窜来的流飞分子,他们撬伲的猪棚、踏伲的大田、偷伲的黄瓜,这是阶级斗争的新动向。对这种破坏大好形势的资产阶级歪风邪气,我伲贫下中农一千个不答应、一万个不答应!"我们一听,知道大事不妙,赶紧骑车逃回市区,一路上胆颤心惊,还好没出车祸。

两天后,这件事传到了厂里,奇怪的是平时一脸严肃的厂领导却宽容地说:"捉蟋蟀是可以的,最好不要去踏贫下中农的自留地。"

不久前,我去马陆旧地重游,昔日的农村早已变成现代化城镇,望着人声嘈杂的商店、酒馆、歌舞厅,遥想三十多年前发生在这里的如烟往事,油然而生些许惆怅、些许感叹……

# 沉浮"大头紫鸡"

当今世道，较之农耕文明时代，多了几分浮躁，而这股风气居然刮到了虫界。现在不少"虫迷"玩虫缺乏耐心，让许多没到开斗时辰的鲜嫩的"大将军"匆匆上阵，最终纷纷败北，毁掉了它们的美好前程。

无论按《虫谱》说法，还是千百年流传下来的玩虫经验均表明：白露之前蟋蟀决不能"开毛钳"（开斗），干老的红牙最好在秋分后上阵，而白牙则要到霜降才能去迎敌。从形体上观察，识别虫儿是否可以开斗，必须揭盖后虫儿挺立盆中央，昂首苍天，双须舞动，六爪凌空；拉干屎，项上细绒毛褪尽；像山东皮虫那样在盆中缓缓蠕动，双须贴盆横扫。如果在此之前，将虫儿赶上战场，那么它们就会咬掉牙浆，吃了败仗心理上还会产生畏惧情结，以后再难横刀立马了。

至于虫界流传的蟋蟀生命短促，仅仅只有9、10两个月斗期的说法则为大谬。其实，好虫从白露以后，可以斗到12月底；更有老法师在12月初开始，将"大将军"养在200年以上的明清老葫芦里，那它们即使在大雪纷飞的除夕，照样可以咬"滚夹"，并发出苍凉的鸣叫。

因缺乏耐心而毁掉"大将军"，我曾有过一次惨痛的教训。

1975年8月30日凌晨4点多，我在父亲工作的南汇六灶公社的一幢百年破屋的墙缝里，逮到一条大虫，我立马返回父亲宿舍，父子俩在灯光下端详良久，认定这是一条罕见的骨牌型"大头紫鸡"（上海人亦称"督"，山东人称"披袍"）。

回上海的当天,我便捧着"大将军",去请我的玩虫启蒙老师卖香烟老头辨别。老太爷一看,不禁仰天大笑道:"小赤佬,这是条恶虫,不要说你了,我一辈子都难得碰上这种运气啊!"但他再三叮嘱我,一定要等虫干老了才能开斗。

更奇的是,这条恶虫不肯结蛉,白露过后十多天了,无论多么漂亮的三尾子都近不了它的身,反而被这厮咬死两只。卖香烟老头据此断言这是条异虫,做个不恰当的比喻,此乃深山古刹里身怀绝技的年轻方丈也。然而,我当年毕竟年少气盛,经不住弄堂里众"虫迷"的叫阵,遂请出"大头紫鸡"迎战,在几天之内连续咬翻敌手十几条,且无一条咬过两口的,吓得附近弄堂无人敢来迎战。消息传到我家对面南新中学一位年过半百的语文老师耳中,他执意要出100元买这条虫,当年我的学徒工资才20元出头哟,但仍被我婉言谢绝了。

斯时,"大头紫鸡"虽已赢了十几场,但尚未伏盆,也即没到开斗时辰,可是我的尾巴已翘上了天。是年国庆前夕,厂里的青工小赵将我领到山海关路"虫王"府上挑战。对方是一位花甲长者,他看了"大头紫鸡"片刻,从里屋捧出一只老"天乐盖",揭盖一道金光,乃是一条"真青麻头",且已六爪凌空。老者道:"这是我今年最凶的一条虫,你要斗就与它斗吧。"我看后明明知道敌手比自己的"大将军"老辣,但自忖"大头紫鸡"是异虫,将卖香烟老头的教诲扔到了爪哇国。于是,我们以当年开斗的高尺码——斗一条"红壳子"(红牡丹香烟,4角9分一包)为刺激,摆开了阵势。

双方恶虫入斗盆,一开场便连咬几只"滚夹",彼此威风凛凛,弹、跳、腾、挪、啄,18般武器轮番上阵,直咬得天昏地暗。十几分钟后,双方已咬得遍体鳞伤,头、项、肚及大腿上珠水点点,牙齿撬翻,大战五十余回合后,因"大头紫鸡"嫩一路,局面输掉(指张着牙不再向前冲锋)。不料,那位"虫王"竟捧着自己的爱将,哽咽着说:"唉——今天倒了大霉,你的虫输了,我的冠军也废了!"

"大头紫鸡"是我平生捉到的最好的蟋蟀,何况是在父亲身旁捉的,其难过自不待言。

# 一将难求"小黑紫"

1974年9月底,父亲从南汇六灶公社回家过国庆节。他一进家门,就兴冲冲地叫我拿一只蟋蟀盆来,然后从旧拎包里取出一只竹筒,利索地倒出一只小蟋蟀。我看后哈哈笑道:"这么小的蟋蟀,真是苍蝇的哥哥呀。"父亲却认真地说:"这是一只'黑紫',它的叫声深沉,是只将军哩。"

国庆节上午,我们弄堂里的玩虫大将"南霸天",捧着他的无敌将军"大红头"上门来挑战。我知道"大红头"的利害,它从白露以来,几乎扫平了几条弄堂,便高挂免战牌甘拜下风。不料,"南霸天"使个激将法,称我是名不副实的玩虫高手(我7岁即拜武汉虫王唐老太爷和卖香烟老头为师学虫经)。当年,我是个不满20岁的血气方刚的小青年,一听对方的调侃,立马火冒三丈,回家捧出"小黑紫"与之对阵。

一下子,十几个"虫迷"围上来,当大家看罢两只蟋蟀,都说"大红头"必胜无疑。按常理,"小黑紫"绝不是"大红头"对手,以小斗大,犯了《虫谱》上所云:"小不斗大"之兵家大忌。但我决定反常规而为之,并以5斤粮票作输赢,这在当时占了我一个月定粮的六分之一,因而心情十分紧张。

少顷,双方虫儿入盆,"大红头"挥动双须,六爪凌空,昂首仰视苍天,一派大将风度;"小黑紫"则一道黑光闪过,悄然伏在盆边,双须纹丝不动。倏地,"大红头"如同猛虎下山,恶叫一声,闪电般咬住"小黑紫",仅一只"喷夹",就将"小黑紫"甩到盆对面。

看客们一阵兴奋,齐声道:"小虫输定了!"

然而,"小黑紫"很快便清醒过来,频频向"大红头"的侧身攻击;这下可激怒了威猛的"大红头",它又恶叫3声,以小鸡啄米之势,连连将"小黑紫"逼得走投无路,旋即狠命咬住"小黑紫",一个"搭桥",轻舒猿臂,将"小黑紫"钳到盆边,再一个"大背包"甩出盆外。

我一看,心跳如鼓捣,脸上大汗淋漓,准备乖乖地掏粮票了。哪知道,"小黑紫"跳在地上,竟然发出几声苍凉的哑壳子般的鸣叫,还舞动双须,寻敌作战。我一阵欣喜,轻轻地将"小黑紫"捉进盆里。

"小黑紫"与"大红头"又咬了十几个"盘夹",忽然虚晃一枪,别头就逃;"大红头"紧追不舍,"小黑紫"猛地杀了个回马枪,恰似《隋唐演义》中罗成枪挑靠山王杨林,恶狠狠地咬住"大红头"脖颈,直至咬出珠水,痛得"大红头"在盆里仿佛陀螺般旋转。这在虫界戏称"一口伤筋","大红头"终于败下阵去。"小黑紫"昂首蓝天,发出一连串胜利的鸣叫。

回家后,我将这场奇妙的大战告诉父亲,他居然高兴得眉飞色舞,中午破例喝了一杯葡萄酒……

一瞬间,四十多年过去了,父亲已去了佛海天国,我也永远失去了与父亲坐而论虫的无穷乐趣。从此,每当我听到蟋蟀的叫声,不仅不感到愉悦,反而觉得有几分苍凉、几分凄恻……

# "关公"战群雄

中国虫界自宋朝以降,便流传着"三王十八将"的玩虫秘笈,其中尤以南宋蟋蟀丞相贾似道、南明促织权臣马士英对此玩得最转。所谓"三王十八将",乃是指秋兴出的恶虫,而恶虫当以异虫为最,即那些长相怪异、叫声非凡、格斗凶狠的将帅级蟋蟀。

上世纪50年代中期的早秋,我小叔在马家角(今虹桥宾馆区域)一间百年老宅的角落听到一只叫声威猛、悠长的蟋蟀,他搬开乱砖,拔去荒草,只见几十条蜈蚣团团围着一条全身发红的蟋蟀,他立即大着胆子用铁纤挑走蜈蚣,将红虫套入网中,孰料那虫儿恶狠狠地咬了我小叔一口,疼得他直冒冷汗。

我小叔将虫儿逮回家,放入盆中,但见灿烂的阳光下,虫儿从须、头皮、项、翅膀至枪,全身泛着红光,就像人的皮肤涂上一层淡淡的红药水。他看着红虫,也不知道这算哪路恶虫,猛然想起香烟牌子上的关云长,遂唤红虫为关公虫。

我小叔逮到一条关公虫的消息,迅速传遍了我们那幢住了四十几家居民的银行大楼,以及周围几条弄堂。于是,中秋未到,弄堂里的孩儿便捧着各自的"大将军"前来开斗,但这些"大将军"均被关公虫一口咬败,有的甚至双方一搭须,对方便吓得落荒而逃。

关公虫最后的恶战是在一个星期天下午。我们那幢楼里的两员玩虫大将擂鼓叫阵,前者是银行襄理的小开"熊革里",他捧出自己10条恶虫,在不到20分钟,全部败在关公虫手下;后者是武汉虫王唐老太爷的孙子小青哥,他将唐老太爷精心喂养的16盆恶虫倾巢搬出。此刻,小小盆钵战云密布,生死搏杀扣人心弦。

半个多小时内,小青哥的15条恶虫在与关公虫的厮咬中,均一至三口被关公虫斗败。小青哥见状又气又急,揭开盆盖,亮出最后一条"骨牌型草纸黄",作殊死的反击。这条虫长相恶劣,不仅全身发出如同古宣纸那样的光芒,而且比关公虫阔一路、老一路。然而,尽管关公虫已精疲力竭,仍大叫3声,迎敌而上。双方先"搭桥",继而连打几只"滚夹",又往死里狠咬几口,便开始"盘夹",大战十几回合后,"骨牌型草纸黄"始终咬不到关公虫的要害,自己倒渐渐失去耐心了。最终,关公虫因元气耗尽,张着牙再也冲杀不动了,彼此算战个平局。

关于关公虫的佳话,在我们的老宅流传了几十年,余生也晚,阅览了几十年恶虫,均无缘一睹关公虫尊容。直至2004年,我采访双目失明的七宝"虫王"方胜荣,方知他在1947年从哈同花园(现上海展览中心)捉到一条关公虫,后来养在戈登路(今江宁路)虫老板宋老太爷处,当年发了一笔横财。虫界确有关云长!

# "重牙"暗藏杀器

1984年8月下旬,徐汇区一家小厂的青工小刁来到当时上海最大的黄陂北路非法蟋蟀市场(合法蟋蟀市场开辟于1986年)觅虫。时值黄昏,金色的斜阳沐浴着如痴如醉的虫迷。小刁猛听见前方人堆里飘来一阵沉闷的虫叫,他循声而去,但见一位北方大汉正在芡一条"紫黄"。这小子因从小跟随徐虹北路的老虫师"张一草"学虫经,也算有点眼光的,他看这条"紫黄"虽是晚虫,然色面不错,唯一的缺点是大头小屁股,遂请北方大汉开价。

北方大汉以一口纯正的山东宁阳话答道:"这条虫是俺窝里最厉害的,你给30元吧。"须知,当年山东虫在上海才起蓬头,山东虫贩更是凤毛麟角,小刁早就听"张一草"讲过,宁阳是明清两朝皇帝钦点的贡虫宝地。于是,小刁回一枪,花20元买下这条"紫黄"。

小刁捧着花高价觅到的大虫,当晚便去给"张一草"欣赏。八瓦日光灯下,"张一草"从老红木草筒里倒出一根"黄狼草",向"紫黄"前后一芡,他突然眼放异光,发呆良久,再打草吊虫,颤声道:"小刁,这是条'重牙',它一双大红牙后面,还有一对小紫牙,哈哈——我们碰上异虫了!""张一草"立马建议,这条虫养在他处,每周给小刁70元。

一瞬间,"重牙"六爪凌空,"张一草"率将出征,首战就连斗9条恶虫,胜利凯旋。

那天下午,从打浦桥杀来一伙"虫迷",他们捧出的均为"乌斑黄"、

"青麻头"、"紫三色"等名将。彼此起虫入栅,对方一看,"张一草"的"紫黄"乃大头小屁股,认定此虫必败,便以"乌斑黄"出场,谁料其张牙刚进敌口,仅一只"喷夹",居然疼得抽身跳栅而逃。

尔后上来的恶虫,没有一条咬过"重牙"两口的,最后由"紫三色"与"重牙"对阵。由于"紫三色"自古以来就是上品虫,总算与"重牙"犬牙交错,大战了几个回合。少顷,"重牙"突然发威,一个"荡夹",咬住"紫三色"上下抖动,进而4牙并进,宛若冲击钻打墙洞,将敌手嘴门咬裂,"紫三色"哀叫一声,昏死于栅。

"张一草"见状大喜,仍向对方挑战,对方哪敢迎战,一一甘拜下风。当他们得悉这是一条"重牙"时,连声叹曰:"今天碰到这种异虫,算我们倒霉!"

战后,"张一草"摸着满头飞雪,激动地对小刁说:"这条虫就像古代的侠客,它的小牙就是侠客暗藏的飞镖,凶得很啊!"

# "血斑左线腿"以柔克刚

1974年白露前夕,我弟弟的同学"小豆子"从杭州三堡抓了十几条蟋蟀,兴冲冲拿来让我鉴别。我将虫儿一一倒进盆里,选出6条大虫,并告知"小豆子",三堡自南宋建都临安(今杭州)以来,虫杰地灵,英才辈出,今日见之,果然名不虚传。小豆子闻言大喜,遂让我从6条大虫中挑选一条,作为酬谢。

我在阳光下仔细端详大虫,最后认准一条怪虫,但见此虫尚未定色,精神萎靡不振,左大腿与肚子仅连着一根线,且艰难地拖着这条腿在盆里缓缓爬行,其状恰似贫困山村里一个断腿二流子在墙角晒太阳。然而,这条虫决非等闲之辈。我刚上小学时,就听我的玩虫启蒙老师——旧上海品虫大亨卖香烟老头说过,即《虫谱》上称之"线腿",其分为双线腿和单线腿,又名"八仙腿",平时线腿如脱,大凡遇到劲敌,立马线腿复常,有万夫不当之勇,其中尤以"左线腿"为甚。而"小豆子"赠我的正是"左线腿",更令人惊异的是,此虫六爪上血迹斑斑,无论主人用什么草引它,从不轻易鸣叫,我便取名"血斑左线腿"。

随着中秋花好月圆,我见"血斑左线腿"已底板干老,便在弄堂里向众"虫迷"叫阵。"虫迷"们纷纷捧着自己的爱将,前来迎战。他们看到"血斑左线腿",几乎都嘲笑我是傻帽,偏偏养了一条病恹恹的残废虫!

我闻言暗暗好笑,请"虫迷"的爱将入盆开斗,孰料"血斑左线腿"刚才还像鬼一样猫着,甫听到虫鸣,倏地以迅雷不及掩耳之势,收拢线腿,勇猛冲锋，一般仅一个"夹单"，或两只"喷夹"，便将敌手斗得屁滚尿流，落荒而逃。整整一个月，"血斑左线腿"节节取胜，稳坐弄堂里"虫王"交椅，还咬死好几条大虫。

11月下旬，南汇路"扒牙"从七宝花高价买来一条如同"油葫芦"般的"大紫青"，恶狠狠前来叫板。我揭开对方盆盖，不禁冷汗淋漓，对方足足比"血斑左线腿"大出半个头。古人云："小不斗大，嫩不拼老"，但"扒牙"下的赌注，乃是清末民初的苏州"天乐盖"盆，我为了得到该盆，咬咬牙放下"血斑左线腿"。

双方恶虫入盆，也不开叫，迎头咬成一团，连打几只"滚夹"。时值晚秋，两将虽已廉颇老矣，然英雄不减当年，又咬了几只"盘夹"后，"大紫青"突然将"血斑左线腿"捉了一只"猪猡"，沉沉地压敌手于身下。观众见状，均云"血斑左线腿"必下风无疑，谁知它六爪仰天，狠咬"大紫青"肚皮，"大紫青"疼得肚子开裂，珠水点点，立即松开敌手。"血斑左线腿"乘胜追击，居然一口咬住"大紫青"右大腿，再奋力向里一抽，活生生将敌手的大腿咬下，一刹那，"大紫青"已奄奄一息……

如今，当年"扒牙"输给我的"天乐盖"已成为我家蟋蟀盆中的镇宝盆，而"血斑左线腿"以柔克刚的战斗，则说明了"人不可貌相"也。

# "淡紫披袍"霸王举鼎

南方虫界有句名言：十督九不出。也就是说，江南一带出土的"鸡虫"，上海人称"督"，北方人则唤作"披袍"，从形象上看其翅膀超过屁股，叫声沉闷，身高体壮，但往往是"绣花枕头一包草"，经不起重夹。

然而，"虫迷"一旦觅到"鸡虫"中的异类，那它杀向沙场，几乎战无不胜。1985年8月下旬，我弟弟从杭州郊外捉回一百余条蟋蟀，我们摆开盆，整整挑选了一个下午，入盆的仅十几条，而我只看中一条"淡紫披袍"。这只蟋蟀端的是虫界"美男子"，其雄阔壮丽、头光晶亮、六爪粗长，双须舞动如苍天闪电。

更厉害的，这是一条怪异的"淡紫披袍"。入盆时我们见其已经成年，遂放一条"红牙青"下去试口，孰料双虫刚一搭须，"淡紫披袍"一个"举口"（也称霸王举鼎），将"红牙青"高高举起，然后轻轻地甩出盆外，可怜"红牙青"一颗牙齿当场被咬断！

翌日早晨，我们发现"淡紫披袍"长长的翅翼上掉了一小块。我弟弟惊诧不已，立即请"江南草王"余新昌前来鉴别。余老太爷当年已临花甲，他的打草功夫能使下风虫反败为胜，是上海滩威望颇高的玩虫高手。他拿着放大镜打草、倾听，足足观察了"淡紫披袍"10分钟，才缓缓叹喟，这是条百年不遇的"异鸡"，它有三大特点：一是每逢格斗，只要亮出霸王举鼎，翅翼就会掉一块；二是好色，号称虫界"吕布"，结蛉越多越凶猛；三是双叫声令敌手胆寒，即它会交替发出"嘎嘎——"鸡虫之鸣和"辟辟——""烂衣"之鸣。

吾弟闻言欣喜若狂,便精心伺候"淡紫披袍",白露过后,其就横刀立马,怪叫着杀向沙场。吾弟遵"江南草王"叮嘱,每次出征前,必以七八只小头白肉大屁股的上好三尾子给"淡紫披袍"结蛉。果然,结过蛉的"淡紫披袍"力大无穷,连斗几条恶虫乃家常便饭。但每逢恶仗,只要"淡紫披袍"以霸王举鼎将敌手击败,第二天其翅翼必掉一块,乃至后来变成了标准的"烂衣"。

是年晚秋,在"淡紫披袍"咬死咬伤十几条恶虫后,与虹口一个"虫迷"的"铁弹子"决战。

当时,双方恶虫入栅,尚未起叫,有虫界"鲁智深"之谓的"铁弹子"居然咬住"淡紫披袍",奋力一个"背夹",将敌手甩于身后;"淡紫披袍"遭到袭击,迅速杀个回马枪,捉住"铁弹子"就一个霸王举鼎,怎奈"铁弹子"生当为雄杰,遭此重创,毫不退让,又冲锋如前。双方打了几个"盘夹","淡紫披袍"频发神威,又一个霸王举鼎,将敌手高高举起,但"铁弹子"被甩下后依然不败。双方最后沿栅绕一圈,发疯般四牙交错,一个"链条箍"朝同方向连续翻滚,待这个"死夹"结束,两条恶虫的嘴门全都咬翻,然"铁弹子"尚能起叫,"淡紫披袍"局面输掉。十督九不出,此言虚也!

# "脆须"醉咬"黑和尚"

"文革"前夕,余亲睹北京西路老宅里发生的一场蟋蟀大战,那宛若法西斯般疯狂的搏杀情景,至今尚历历在目。

且说老宅里的"何司令"因多年长病假,遂将每年玩虫视作疗疾良方,他的小兄弟在漕河泾上班,隔三差五地抓来大批蟋蟀,那年抓回一条据说是天牛吃了蟋蟀蛉变的"脆须"。"何司令"捧着"脆须",一阵狂笑,把爱将养在一只明朝正德年间产的苏州老"和尚盆"里(这种盆在苏州市博物馆尚剩一对)。

所谓"脆须",乃是指此类异虫凡斗一次,双须齐短一截,直至斗成"盲子"(即双须断尽),从此每战必使"醉八仙"。其实,"脆须"是蟋蟀中命最苦的一种,盖因蟋蟀的须即其双目也。

恰好这年老宅隔壁的传福里,一名绰号叫"老蟑螂"的青年从浦东三林塘逮住一条浑身黑炭似的怪虫。"老蟑螂"父子均是超级"虫迷",家里养满了蟋蟀,其父号称他玩了一辈子虫,今年这条黑虫最棒,便亲昵地唤作"黑和尚"。

那年头社会风气尚可,斗蟋蟀一般都是友谊赛。"何司令"的"脆须"从中秋一路杀到晚秋,成了一条名副其实的"盲子";而"老蟑螂"的"黑和尚"更是斩将夺关,威震天下。

是日黄昏,这对冤家终于狭路相逢了。当时,夕阳西下,在我们这些小孩高呼"开天窗、开天窗"的鼓动下,虫主人同时揭盖、品虫、打草。但见"脆须"一身暗紫色,头上须早已断尽,懒洋洋地在盆里爬行,仿佛山东大皮虫;而"黑和尚"就像一道黑光,在盆里闪来闪去,其一颗黑漆头没有一根顶线,项宽且鼓,一双黑紫钳,果然威风凛凛,让人联想起燕人张翼德和黑旋风李逵。

双方恶虫入盆,"黑和尚"长须一挥,扫到"脆须",立即以饿虎扑食之势,冲上去向"脆须"腰鼓爪一口,可怜"脆须"遭到突然袭击,又不知敌手来自何方,凭感觉猛地侧身回一枪,又被"黑和尚"一个"摇夹",紧接着一个"喷夹",弹向前方。这下可好,"脆须"头撞盆边,疼得发起了"酒疯",其六爪忽地张开,简直像大螃蟹那样,然后不顾东南西北,横冲直撞。少顷,"脆须"总算摸到了"黑和尚",立马恶叫两声,上去就一个"拖夹",将"黑和尚"用力勾过来,恶狠狠地摔到盆沿,自己又在盆中央晕乎乎地团团转;"黑和尚"拦腰挨一刀,不禁老羞成怒,双须往下一搭,一个俯冲,从盆沿跳下,其势恰似日军的神风敢死队员。

双方旋又咬住,一个"搭桥",双虫成一线,沿盆旋转、旋转、再旋转……突然,彼此抱成一团,如同野狼般站将起来,耍起虫界最骇人听闻的"麻花口"——恶虫拼命交口,死往外拧,绞作一团,在盆里翻来滚去,足足滚了二分钟,"沙——"地弹开,双将伤痕累累,珠水点点,"脆须"断掉一条大腿,一根繁须;"黑和尚"牙齿撬裂,断掉3条小腿。

最终,"脆须"依然竭尽全力在盆里疯转,一幅醉汉模样,而"黑和尚"则吓得抱头鼠窜……

是夜,"老蟑螂"父子气得晚饭也没吃。

# "翠儿"怪叫退劲敌

余虫友美籍华人"草纸"嗜虫如命,每逢秋兴,便飞越万水千山,从美国南加利福尼亚州返沪玩虫。于是,许多"大将军"纷纷投入这位"伯乐"的怀抱。

1997年8月中旬,"草纸"单枪匹马奔赴山东宁阳,花了整整10天穿村走寨,以一万五千余元的高价,收到20条恶虫。"草纸"回到上海,兴冲冲地诚邀"江南草王"与我兄弟俩去其府上欣赏蟋蟀。

"草纸"一一揭开20盆"大将军",果然条条气宇轩昂,在盆里来回巡梭。"江南草王"手捏一根水貂草,前后草飞风灵活,猛然在一条"淡色面"跟前戛然而止,其神色就像马克·吐温小说《百万英镑》里的裁缝遇到大票子般呆若木鸡,良久才缓过神来,仰天叹道:"乖乖,我的妈呀,你老兄怎么弄到这条恶虫的,这是从前进贡皇帝的名虫啊!"

我们惊问其故,"江南草王"答道:"这是'翠儿',其怪叫令敌手闻声必逃,而叫声越怪越凶。"说罢,老先生手如水蛇,一根草耍得吾等眼花缭乱,"翠儿"被芡得杀性冲天,一下子发出4种怪叫,先是蟋蟀的青虫叫声,即正常叫声"瞿、瞿、瞿";然后发出"翠儿"叫声,即像打机关枪般的急叫"瞿—瞿—瞿—";紧接着发出"油葫芦"叫声"嘘吕吕—嘘吕吕—嘘吕吕—";最后发出"金蛉子"叫声"叮呤呤—叮呤呤—叮呤呤—"。

"草纸"见状,一双丹凤眼射出灿烂的光芒,秃顶上渗出点点汗珠,激动之余,当场从20盆恶虫里选出"蟹壳黄"和"青麻头"下去试口,孰料前者下盆,刚与"翠儿"交口,便被其第二种急叫声吓退,先爬盆,继尔跳出盆外;后者算干老些,下盆被"翠儿"一只"喷夹",旋又快速上前,边发出怪叫,边以小鸡啄米之势,一口口逼敌手于盆边,当其发出"油葫芦"怪叫时,"青麻头"竟然六爪抽筋,在盆中央团团转,当场被"翠儿"吓疯!

"草纸"喜获"翠儿",是年白露前夕就杀向虫界,短短几天,二十几条恶虫被其吓败,上海虫界无人再敢迎战。消息传到杭州虫界,正好该市孩儿巷的老虫师马老太爷也有一条"翠儿",同样打遍杭州虫界。10月下旬,由上海个体老板"小兔子"牵线,马老太爷捧着宝贝,驱车前往上海希尔顿大酒店,与"草纸"的"肉疙瘩"举行友谊赛。

那天下午,沪、杭虫界精英十余人观战,双方恶虫在宾馆客房桌上亮相,但见马老太爷的"翠儿"比"草纸"的"翠儿"阔一路,其步态宛若狗熊;而"草纸"的"翠儿"已呈老态,其步伐仿佛螃蟹。两条"翠儿"先在栅里散步,"江南草王"亮出一根公草(指公共用草,私草怕人下吊性药),把双将引至第一种叫声,斩钉截铁地喝道:"将军八角、起闸!"

他刚抽掉栅板,双将立即扑上去咬作一团,它们边叫边咬,从"喷夹"、"摇夹"到"搭架",再"盘夹",杀得天昏地暗。等到双方均发出"油葫芦"叫声时,忽地一个虫界罕见的"绣球夹",即恶虫死咬不松口,就地向前翻滚。眼看彼此难分胜负,"草纸"的"翠儿"一阵发急,终于憋出第四种金蛉子叫声,一刹那奇迹发生了,马老太爷的"翠儿"闻声,立刻大腿发抖,丧魂落魄,乃至迷失了方向……

是场怪战结束,我们走出希尔顿时,余指着宴会厅里的仿唐代壁画仕女图,对"草纸"云:"我国自唐代武周天授(武则天执政)年间,宫女捉蟋蟀置于小金笼中赏玩,发展到今天的友谊赛,中华虫文化真是源远流长、丰富多彩哟!"

# "假三尾"勇冠三军

又到了枫红谷黄,蟋蟀振翅高歌、擂鼓厮杀的时节。

晚风中,余在上海滩的水泥森林间,偶尔听见些许小虫的寥落之声,不禁忆及历史上枭雄级别的大将军恶战。

1962年中秋,余听北京西路千善里(现已拆除)的"虫迷"阿三介绍他的爱将"假三尾",至今仍觉惊心动魄。阿三云,1954年8月底的一个凌晨,他在高安路的一片荒草地的大石板下,听见一条大虫嘹亮的鸣叫,而四周几乎不闻虫鸣。此乃蟋蟀极讲尊严,如大虫占领的地域,其他斗不过其的虫儿,断不敢轻易入围也。于是,阿三听准方位,使出吃奶力气,抬起大石板,套住一条近36点的大青虫。

当年,上海还沐浴着农耕文明的雨露阳光,"虫迷"只要过襄阳南路,一路向西,便可觅到无数大将军,因而一过白露,"虫迷"们便轮番出征恶虫,"沙场秋点兵"。且说阿三捧回大青虫,在阳光下一照,但见此虫无论色面、牙齿,还是身型、六爪,与一般大虫无异,奇的是其屁股正中露出一截软枪。很显然,这是一条异虫,虫界号称"假三尾",颇似人类中的中性人或变性人,余在青年时代也养到过,但很少出将军。

几天后,阿三与众"虫迷"对决,他先后出场几条大虫,均被后弄堂郑小开的"白黄金翅"咬败。尽管那时社会风气尚好,斗虫大多是友谊赛,但输者总没有面子,阿三在"虫迷"的嘲笑中,返家端出"假三尾"。

他揭开"和尚盆"盖,虫儿看上去无精打采,也许没有结蛉,缺乏刺激吧。双虫入盆,"白黄金翅"挥舞双须,宛若京剧舞台上的穆桂英,而"假三尾"则双须纹丝不动。突然,"白黄金翅"须触敌手,即张开血红大钳,一个"闪电夹",将"假三尾"闪到盆边,旋又一个侧击,复钳住"假三尾"一连几个"摇夹",死死地撅了它一个"猪猡"。未几,"假三尾"被"白黄金翅"捉得六爪乱抖,等"白黄金翅"松口,它居然在盆里疯转,而"白黄金翅"连叫三声,气势更胜一筹。然而,"假三尾"闻到敌手叫声,立马清醒,双须电闪雷鸣般飞舞,奋勇冲杀,双方利齿纠结,先是几个推土机似的"推夹",继而一个"练子夹",四牙紧锁,在盆内翻滚不迭。

恶虫大战三十余回合后,呈现奇妙的一幕,"假三尾"一个"鲤鱼打挺",挣脱"白黄金翅"牙齿,六爪凌空,屁股上翘,那软短枪迅捷伸长,且频频颤动。一刹那,"假三尾"一个回马枪,狠命咬住"白黄金翅"一牙,双大腿蹬地跃起,在半空中狠咬敌手,这是虫界罕见的"飞叼",仅一个回合,"白黄金翅"便疼得满盆打滚,"假三尾"终于发出燕人张翼德般的雄壮鸣叫。

这以后,1954年整个虫季,北京西路周围无人敢与阿三的"假三尾"匹敌。"假三尾"的奇妙战法,如同《说唐全传》里天下英雄比武、争夺武状元时,高丽国大将楚雄的异马"没尾驹"。在楚雄战不过第五条好汉伍云召时,他虚晃一斧,转身拍马头,"没尾驹"遂马蹄一低,屁股后倏地闪出一根大尾巴,将伍云召的头打烂。由此可见,虫界的异虫之凶,即"假三尾"一旦露出其长软枪,敌手必败!

一个甲子如天空划过的流星,阿三已年过7旬,他一生养虫无数,惟有"假三尾"给他带来无上荣光,吾等老宅的"虫迷"也沾上几点光芒……

# "黄长衣"金鸡独立

十几天酷暑过后,我在早秋微凉的湿润的晚风中漫步,忽然草丛中飘来今年第一声蟋蟀的鸣叫,脑海中不禁泛起神奇的玩虫往事。

我的中学同窗双勇兄因出身贫寒,故与我这个苦孩子彼此惺惺相惜,他尤喜追随我秋兴时苦中作乐——耍斗蟋蟀。1972年岁末,我们在母校上海培明中学送几位同窗去当兵,遂分别走上工作岗位,我进了一家破旧的小厂,双勇兄则发配崇明农场,临行前他表示友谊,送我一只珍贵的黑高盆。

一眨眼,到了1973年早秋,双勇兄休假回沪,特意来寒舍商讨逮虫之事。他摩掌擦拳,声震天宇,决心要抓几条将军,让我逞逞威风。然我却连连摇头:"唉,崇明是海岛,土和水都是咸的,怎么可能出将军呢?"双勇兄闻言并不泄气,反而付诸行动去觅将军。是年8月下旬,双勇兄几乎天天在繁重的劳作之余,在农场的宿舍、田野、草地逮蛐蛐。一天凌晨,双勇兄在一条杂草丛生的旱沟里听见几声"嘎、嘎、嘎"的恶叫声,他屏气听准方位,将杂草拔光,发现一条蚯蚓般的裂缝,他立马返身将饭盒从河里装满水,沿缝浇下去。未几,从缝里缓缓爬出一条大黄虫,他赶紧一网套住,在红霞闪烁的晨光中反复欣赏,仍不识英雄真面目。

数日后,双勇兄携大黄虫渡江轮而趋我家,他将虫儿放入盆中,但见此虫头如樱桃,光芒四射,颈上绒毛一片,大腿超长,淡黄色的翅膀盖住屁股,宛若一员古代大将出征疆场时披的铠甲,端的是一条"黄长衣"。

我连茨三圈草,"黄长衣"张开一双大红钳,双须飞舞,威风凛凛。然而,我仍不相信崇明会出将军,对双勇兄说,这可能是外强中干的粉虫。

接着,我精心饲养"黄长衣"。一俟中秋,我便捧虫在弄堂里叫阵,连续多天,斗败了好几条早虫,"黄长衣"则愈斗愈勇。我依然将信将疑,经几位"虫友"牵线,携"黄长衣"赴新闸路沁园邨,与该邨"虫王"刘小开决斗。且说沁园邨乃上海优秀建筑,20世纪30年代著名影星阮玲玉曾居住于斯;邨内有几位公子哥儿,玩虫雅兴闻名于世。

那天黄昏,血红的残阳款款洒向沁园邨,我们双将亮相,刘小开出场一条"枣红披袍",那厮绕盆一圈,端立中央,昂起一颗伊拉克蜜枣般的圆头,新疆红枣似的大翅子辉映着斜阳,不是关云长再世,也称得上大刀关胜蛟龙出海。双方瞧过敌手,就下赌注,刘小开伸出巴掌连翻四番,意思斗四条"红壳子"(红牡丹香烟,4角9分一包,一条4元9角),我见状汗珠直淌,心想我的月工资才17元8角4分,哪敢赌20元!于是,我伸出两根手指,意思赌两包"红壳子"。刘小开轻蔑地笑笑,朗声道:"权当友谊赛下虫吧。"

双将入盆,彼此打草引叫,即刻放虎出笼,"枣红披袍"横挥双须,一个箭步,恶狠狠咬住"黄长衣",上下连抖三抖,一口将"黄长衣"喷向盆边;"黄长衣"被突然袭击,疼得打个滚,翻身挥须前冲,双方又咬成一团。几个"滚夹"后,"枣红披袍"威力四射,一口钳住"黄长衣",猛一用力,将其咬得缩成一团,可怜"黄长衣"浑身抽搐,发出几声哀鸣。刘小开优雅地笑道:"小阿弟,你的虫下风啦!"

我正准备掏钱,孰料"黄长衣"滚了几滚后一个"鲤鱼打挺",大叫几声,又冲上去继续战斗。"枣红披袍"毕竟是虫中雄杰,其不慌不忙,退后一步,一个收口,咬住"黄长衣"就是一个"铜铡刀",将敌手的左大腿咬断。这无情的一击,几乎将我蒙倒,暗忖崇明虫咬到这等程度,也算造化了。仅仅几秒钟,"黄长衣"突然发狂,拖着单腿迎敌,双方死死咬住,连着十几个"推口",又上翻下跃,"沙——"地弹开。十几分钟过去,"黄长衣"单腿恶战,步步进逼,"枣红披袍"渐渐不支,淌了一地珠水。

最终,当"枣红披袍"将"黄长衣"按在身下时,"黄长衣"倏地翻身跃起,一个"倒叼",将敌手咬昏。

"黄长衣"被咬掉大腿,居然以金鸡独立之势反败为胜,直惊得刘小开翻白眼,当他得悉这是条崇明虫时,竟骂我吹牛皮!

"黄长衣"经此恶战,元气已尽,我也不忍心驱其再赴沙场,便口中念念有词,放其遁入北京西路的街心花园(现早已拆掉)。当年国庆,我与双勇兄会面,承认崇明确有将军,他得意洋洋、仰天大笑,其情景尚历历在目。

1979年秋,我考入华东师大历史系,9月29日晚,我陪同"江南草王"借双勇兄老宅,与南市区一伙"虫迷"一决雌雄,就此与双勇兄告别。屈指算来,随着我们各自的老宅被拆迁,我们分别已36年矣,我很想念诚朴、敦厚的双勇兄……

# 混世魔王"黑蟑螂"

蟋蟀世界,无奇不有。余平生见过不少怪异的蟋蟀,其中一条恶虫令人毛骨悚然,称得上蟋蟀王国里的混世魔王。

那是上世纪70年代末,虫友"老狗熊"从南通一幢明清老宅的墙根,捉到一条怪虫,他返沪后直奔我家。斯时,夕阳西下,"老狗熊"神秘兮兮地揭开一只老"和尚盆"盖子。随着一道黑光,余定睛凝视,只见一条近似油葫芦的大虫,浑身黑油油的,除了身上两翼像蟋蟀以外,其双须双枪、背部下端和屁股,简直就是一只蟑螂。这黑家伙见光,即在盆里沙沙乱窜,其威猛不亚于梁山好汉黑旋风李逵!

余从未见过如此恶虫,急忙取出陈年老鼠胡子草引牙,然而不管如何耍草,这黑家伙就是不开牙,更不用说鸣叫了。无奈之下,我们便去北京西路、江宁路口的一个街心花园(现早已毁掉)墙角,摘一根油葫芦须草。余用这根长草,像刷牙般一个劲地引黑家伙的牙,它终于张开一对大黑钳,但依然不叫。余遂为其取名"黑蟑螂",叫"老狗熊"仔细喂养,争取当"虫王"。

几天后,我们捧着"黑蟑螂"去给"江南草王"鉴别,他老人家乃虫界元老,一生阅虫无数。"江南草王"戴上老花镜,轻轻地揭开盆盖,用油葫芦须草上下左右,前后草飞风灵活,少顷才说:"这是蟑螂虫,我一生仅在年轻时去四马路(今福州路,旧上海蟋蟀商店和摊档集中地)买虫,见到过一次,这绝对是'虫王'!"余又问"江南草王",虫界怎么会有这种恶虫的,他缓缓答道:"这是蟑螂吃了蟋蟀蛉变的,而且一般的蟑螂还不会变,非得蟑螂中的英雄豪杰不可!"

"黑蟑螂"的确不同凡响。当年白露刚过,"老狗熊"拿来开毛钳,余选一条大粉虫(指虫界的"绣花枕头")让"黑蟑螂"试口。孰料,大粉虫的须刚触到"黑蟑螂",便被它猛冲上去一口咬破头皮,疼得头撞盆壁。然后再放几条"皮子"(指不上品的平庸虫),纷纷被"黑蟑螂"咬得珠水横溢,这家伙却岿然不动,似乎连斗上百条都不在话下。

"黑蟑螂"遂成了威震静安区的混世魔王,当地"虫迷"都知道这条怪虫的厉害,无人敢斗。更奇的是,"黑蟑螂"不吃米饭、菜心和辣椒,而专吃荤腥,诸如毛豆虫、皮虫、西瓜虫和苍蝇等。按《虫谱》所云,白露之后,二尾子每晚至少结一次蛉,直至六爪凌空,方能披甲出征。然而,"黑蟑螂"非常残忍,"老狗熊"每晚放下去的三尾子,次日早晨居然被"黑蟑螂"吃得只剩一层壳,一连数日,惨局依旧,直吓得"老狗熊"不敢放三尾子!

由于"黑蟑螂"天下无敌,空养着没有效益,在当年国庆前夕,被新闸路一位"老克勒"用5斤花生米和两个月的香烟票换走了。

# 七宝蟋蟀打擂预赛记

千年古镇七宝因其奇特的土壤和空气，千百年来成为名虫辈出的风水宝地，更因乾隆皇帝下江南而入驻松江府，欲赏玩江南斗蟋，遂导致各地地方官竞相奉献贡虫，其中一辆满载大将军的马车倾覆于七宝，大将军们四散田野，从此七宝名虫涂上了一层皇家色彩。

自 2005 年七宝蟋蟀协会成立以来，由"七宝虫王"方达礼任会长的这一民俗组织已发展到 280 余名会员。这些会员均为玩虫世家或精于此道者，他们除了七宝的"虫迷"以外，大都来自上海市区以及浦东、金山等地。从此，方会长高擎"以虫会友"的大旗，致力于弘扬七宝虫文化，每年举办蟋蟀"大奖"赛（奖品仅仅是大布娃娃和圣诞老人），已连续举办了四届。2009 年是第五届，预赛从 9 月 10 日开场，已进行了 9 轮，9 月 29 日下午 2 点，第 10 轮预赛开始。

在七宝古镇大牌坊对面的一幢仿古建筑里，由台湾"虫迷"沈老板、杨总管辟出的一层七宝蟋蟀协会俱乐部内，各方"虫迷"风云际会，纷纷捧出几十条早虫（指中秋前可以开斗的蟋蟀），他们先在茶室里品过香茗，然后进入斗室。这狭长的斗室约二十多平方米，一张仿古斗台横在室中央，与墙上由著名书法家陆家富先生书写的"七宝蟋蟀王"对联相映成趣。

开斗前，方会长先向"虫迷"们宣布了本年度决赛定于 11 月下旬，接着他便用高倍放大镜选参斗蟋蟀，10 分钟左右，仅选出 12 条虫参赛。这些千里赴会的将军被一一过天平秤，厘码（分量）基本相等，于是将斗

七宝古镇风景(当年乾隆皇帝在此斗虫取乐)

建于晚清的七宝蟋蟀草堂

台湾老板投资的七宝斗场

著名书法家为七宝虫王撰联（一）

斗蟋前夕，虫主人品茶、华山论剑

栅摆开,一场恶虫的生死搏杀即将开战。

第一场配对虫儿乃安徽亳州的"红牙青"与山东德州的"蟹壳青",方会长从红木小盒内取出一根"陈年老鼠草",分别打草,"红牙青"振翅高鸣;"蟹壳青"居然屁股上翘,发出求偶的颤声,这条"色狼"遂在"虫迷"的哄笑声中立马被淘汰。方会长眼角一扫,补上来自山东宁阳的"红头督",这小厮端的是一只"大公鸡",吃草发出三声"嘎、嘎、嘎"的怪叫。方会长手起闸开,两员大将以迅雷不及掩耳之势咬作一团,双方从"盘夹"到"搭桥",连打5个回合,"红头督"奋力一扬,恶狠狠地将"红牙青"钳在半空,"红牙青"疼得发出一阵败叫,落荒而逃。

第二场配对虫儿依然由"红头督"连斗,来自黄浦区、静安区、浦东的3员将军不是被"红头督"一只"喷夹"击败,就是被它的怪叫吓得乱窜乱跳。最后还是上了一条山东乐陵的"淡紫督",尽管其比"红头督"大二点,但也算势均力敌了。刚起闸,两条"大翅子"便振翅双鸣,迎头几个回合,旋钳成一线,一个旋转,再接一个"绣球夹","淡紫督"被敌手咬破肚子,疼得跳到栅外,"红头督"竟猛挥双须,隔着栅对外狂叫……

第三场配对虫儿来自七宝(上海交大农学院)的"白青"与来自河南新乡的"黄麻头"开斗。孰料,声名显赫的"黄麻头"仅一个回合,就被"白青"咬裂牙齿。接着,连上两条,没有一条咬过"白青"两口的。

最后,还是来自安徽宣城的"淡色面"经斗。双方挥动双须,在栅中缓缓盘桓,继而搭须、冲锋,"淡色面"一只"猪猡",将"白青"死死地揿在身下,"虫迷"们惊呼,以为"白青"完了。然而,"白青"不愧为名将之后,它忍住疼六爪齐舞,将"淡色面"踢到栅边一角,又一个"鲤鱼打挺",冲上去左右疯咬。十几个回合后,它反将"淡色面"捉一只猪猡,"淡色面"终于拖着一串珠水夺路而逃,"白青"遂发出燕人张翼德威震当阳长坂桥的鸣叫!

这次"2009七宝迎国庆迎世博蟋蟀大奖赛"预赛,由"红头督"和"白青"胜出,它们将参加下轮预赛,不知胜负如何?且看下回分解。

# "贰先生"也能出将军

公元1645年秋,清军铁骑浩荡南下,兵临南明小朝廷金陵(今南京)城外。斯时,著名蟋蟀宰相马士英居然兴致勃勃地陪伴弘光帝在宫廷里斗蟋取乐。他老先生向下属与草民颁令:凡献贡虫者,决不允许有"贰先生"(指斗败过的蟋蟀),违者严惩不贷。从此,370年以来,蟋坛便将马士英的名言奉为玩虫座右铭,"贰先生"均被打入另册,即使名虫概莫例外。

然而,马士英此言并不准确。由于蟋蟀乃昆虫界之勇士,自尊心极强,一般吃了败仗便雄风不再(尤其是白露之后),但有些蟋蟀在早秋时虫体尚嫩,牙板不老结,就好比嫩玉米肚中有大量水光气。此刻,如果虫主人不懂虫经,急吼吼催其南征北伐,那么即便"三王十八将"也必输无疑。再进一步,如果虫主人信奉马士英名言,把将帅级的"贰先生"弃入阡陌,那简直是大傻瓜一个!

"贰先生"也能出大将军,关键在于虫主人必须懂虫经,并有深沉的涵养功夫,两者缺一不可。

1972年早秋,余中学同窗阿旺从漕河泾捉回二十几条蟋蟀,他返家后竟糊里糊涂地配对厮杀起来。一番混战,仅斗出两条底板已老的小黄虫,而其中一条体魄硕大的混色虫被小黄虫一只"喷夹",便别头逃之夭夭。阿旺见状大惑不解,为何一条相貌堂堂的大虫却成为小黄虫的手下败将呢?他干脆将大混色虫掼三掼(指双手捧虫,向天上扔3次,使其头脑发昏,忘记尊严,以利再战),再与小黄虫斗,结果仍被小黄虫两口咬败,这只败将被他流放于屋后的花坛里。

是晚,阿旺光临寒舍交流虫经,生动地叙述了上述一幕。余闻言,知道他老兄中了马士英的邪,立即拿着手电筒随他回去拔草翻砖,总算捉回了大混色虫。余将混色虫置于灯光下端详,见其无论头颅和项,还是肉身和六爪,绝对是条上品虫,只可惜太嫩了,项和翅翼上尚白毛一片呢,难怪不经斗。

当年余年少气盛,脾气暴躁,自认没耐心养这条嫩虫,而阿旺是我班的好好先生,脾性温和得几近小绵羊,正是养大混色虫的角色。于是,余叮嘱阿旺耐心养大混色虫,一方面余借给他一只老"天乐盖"盆养虫,一方面叫他每天捉一条地鳖虫,取其浆水喂虫,以疗救它受伤的牙齿。白露过后,余又送去一条小头大屁股、肉身雪花也似的三尾子,供大混色虫结蛉,并嘱阿旺每3天给虫洗一次温井水澡。这样,阿旺以高度的责任感和极大的耐心,一直将大混色虫养到定色——一条呱呱叫的"紫黄"。

是年11月下旬,天气已然转凉,余见"紫黄"六爪凌空,昂首苍天,双须缓缓舞动,炮弹形的体魄大有"气吞万里如虎"之英雄气概,决定挥师出征。

当时,新闸路沁园邨有一条4斟多的"白牙青"从霜降以来,斗遍方圆几里无敌手,号称"李元霸"。吾等初生牛犊不畏虎,捧着"紫黄"前去迎战。双方恶虫下盆,开闸前对方一长者见"紫黄"小"白牙青"两点,遂微笑着提议斗一只盆决输赢。

接着,两员大将在盆里扫荡一番,旋恶狠狠地咬作一团,整整杀了四十余个回合,其间十几个重夹,彼此杀得伤痕累累。只因"白牙青"比"紫黄"大,故其步步紧逼,将敌手压至盆边,一个黑虎掏心,将敌手咬得跳将起来;孰料,"紫黄"高悬半空,返身杀个回马枪,闪出一个"倒钩夹",反将"白牙青"钳翻,再紧紧咬住敌手抱耳爪,向后一拖,活生生将其小腿咬断,"白牙青"疼得满盆打滚,无心恋战。

这场虫界大战结束后,那位长者输给余一只黑"和尚盆",同时对"贰先生"反败为胜甚为惊讶。

# "小红头"智斗三大将

无论哪部《虫谱》，在斗蟋大忌中必反复告诫"虫迷"：小不斗大，这就如同小孩永远打不过成人，此乃人类社会与动物世界的客观铁律。自然，蟋蟀小不斗大并非一概而论，如果战将彼此相差一二点，甚至三四点，尚马马虎虎、情有可原；但双方相差过分悬殊，那么除非发生奇迹。一般而言，蟋蟀相差太悬殊，即使虫们战斗1 000场，小虫取胜的概率也是极少的。

不过，余一生中欣赏过两次小虫战胜大虫的场面。一次是1974年9月，父亲从南汇六灶捉回一条"小黑紫"，将蟋坛老法师"南霸天"的爱将"大红头"咬败。另一次是余玩虫启蒙老师唐老太爷一条"小红头"，连续斗败3员大将、威震虫界之往事。

这场虫界奇妙的恶战，发生在1965年中秋的北京西路老宅。

余老宅有许多玩虫大将，其中侯七每年出恶虫，以致"虫迷"都怕他3分。侯七与余小叔同辈，因在近郊漕河泾一家工厂当车工，故横扫当年那片充满田野朝气的土地，捉到无数蟋蟀，号称老宅第一捉虫高手！

那年国庆前夕，侯七在喂养的几十盆大虫中挑出3员将军，前往后二楼唐老太爷府上叫阵。

唐老太爷乃一儒生，平时在家以念古籍、数大米为乐，而至秋兴便掀起玩虫的波澜。唐老太爷的蟋蟀由其孙子"小青哥"捕来，他最多养十几条。但他的养功十分了得，"老虫迷"传说其能将"熊包"调教成

"伟人"……

斯时,夕阳款款地洒向三楼大晒台,宜人的秋风吹得吾等"虫迷"神清气爽。唐老太爷颤巍巍地手握放大镜,对着侯七的3条大虫照一照,便胸有成竹地让"小青哥"揭开一黄"和尚盆"盖。众"虫迷"望去,竟是一条小虫。但此虫双须奇长,贴盆舞动仿佛两条长蛇漫游草丛,更怪的是整个头颅红彤彤的,端的是一条"小红头"。

侯七见状,哈哈大笑道:"唐爷爷,你老人家怎么拿一条小虫呢,还是换条大的吧!"

"不,此虫非等闲之辈,随你出场何许大虫,老朽一律奉陪。"唐老太爷的光头一闪一闪,像念古书那样轻轻作答。

当时,全社会都在响应领袖号召学雷锋,社会风气良好,因而斗蟋大多是友谊赛。侯七暗想:反正又不赌输赢,否则以大斗小会伤唐老太爷心的,那就随随便便斗败"小红头"得了。

于是,侯七先出场一条"弓背紫",此虫项宽起绒、弓背如穿山甲、一副宝石红钳令人震撼。双方虫儿入斗盆,相差将近一个头,这简直是虫界大玩笑嘛!

未几,"弓背紫"吃草鸣叫3声,闪过一道紫光,冲上去一口咬住"小红头",狠狠地一个"挑口",紧接着捉一只"猪猡",将敌手按在身下。孰料,"小红头"不慌不忙,六爪紧抵"弓背紫",猛地翻身跃起,一个"倒叼",咬破敌手肚子,然后发出轻轻的一声鸣叫。

侯七见第一员大将败阵,又出场一条"暗黄",此虫比"弓背紫"还大2点,但身上绒毛尚未退尽,入盆便张牙舞爪,直扑"小红头",一个"举口"将其甩至盆上;"小红头"遭到袭击,双须一舞,从盆沿俯冲而下,须触敌手时又迅速松开,返身逃窜。"虫迷"们看得激动,认定"小红头"下风,侯七也不禁喜上眉梢。然而,"小红头"窜出一步,猛地杀个"回马枪",咬住"暗黄"前抱耳爪打个滚,将其爪咬断,"暗黄"痛得败叫几声,落荒而逃。

唐老太爷手捏胡须,微笑道:"侯七贤弟,老朽实不相瞒,'小红头'乃十年不遇之将材也,你的虫虽凶,然非其对手啊!"

可是侯七哪肯罢休,一定要继续战斗,他出场的第三条大将乃"紫壳白牙",此虫比"暗黄"还大,宛若虫界天神。两虫入盆,"小红头"先发制人,一个猛子钻到"紫壳白牙"身下,连咬带拱,居然将敌手翻个跟斗,等"紫壳白牙"回过神来,"小红头"又一个"啄口",将其咬翻,尔后扭头逃窜……

"小红头"连胜3员大将,轰动了余老宅周围十几条弄堂,以后无人敢与唐老太爷斗蟋了。战后,余向唐老太爷讨教,老太爷凝思片刻道:"两军交战勇者胜,智者更胜一筹。耍蟋蟀嘛3分虫品,7分养功。侯七乃急躁之徒,其输在养功上,即嫩虫再大,亦经不起干老小将之凶口哟!"

据侯七太太、一位小学语文老师云:"我家相公连输3条大虫,气得一晚上没睡好,第二天上班,把它们放冲床里轧掉了。"

# "青麻头"首战落马

蟋蟀世界与人类世界相似,精英总是稀缺资源,其纵横沙场、建功立业离不开虫主人的精心培育。如果"虫迷"花大力气逮到恶虫,但不经喂养,便急于出师,那么只能是"出师未捷身先死,长使英雄泪满襟"!

1975年9月初,余大弟从崇明返家休假,他带回几十条蟋蟀,结果一条将军也挑不出。于是,这位铁杆"虫迷"渡江去父亲工作的南汇六灶抓虫。

两天后,他抓回十几条大虫,我们仔细地挑选了6条"英雄好汉"落盆。其中,最引人注目的是一条"青麻头",但见此虫头如珠宝,两根顶线直冲霄汉,阔项上隆起一肉疙瘩,六爪腾跃,恰似三国大将张辽!刚安顿毕蟋蟀,后弄堂的老克勒"虫迷"前来叫阵。这位仁兄是跑郊区的邮递员,故在工作间隙几乎天天捉回好虫。老克勒出场的是一条"油黄条虫"。余大弟见该虫暮气沉沉,像毛豆虫懒洋洋爬着,便捧出最凶的"青麻头"迎战。

"青麻头"虽然比"油黄条虫"大两点,但没有其干老,在盆里沙沙乱窜。我提醒道,老克勒的虫已喂养多日,我们的虫即使在分量上占了便宜,但很难取胜。余大弟不听忠告,一味催虫上阵,下赌注斗一只老盆。双方大虫亮相、打草后,即以迅雷不及掩耳之势战于一团。

"青麻头"仗着年轻力壮,挥动双须,青幽幽的翅膀发出嘹亮的鸣叫,冲锋时宛若古代水仗中的撑篙战船。而"油黄条虫"已经伏盆,以静制动,双须贴盆不动,黄油布伞似的长翅膀偶尔张几下,发出一串苍凉的叫声。

恶虫狠命咬了一口,均感到势均力敌,接着七八个"推口","青麻头"将"油黄条虫"捉一只"猪猡",仰天大叫3声。然"油黄条虫"吃了重夹并不气馁,而是迅速从敌手牙齿中挣脱出来,扑上去一个"飞叨",又奋力以老鹰抓小鸡之势,将敌手连着3个"喷夹",逼其于盆角,再一个"黑虎掏心",咬破"青麻头"肚子……

"青麻头"虽然雄壮、年轻,但缺乏调养、缺乏作战经验,经此重创,痛得满盆打滚,败叫几声,跳出盆外。余大弟极不甘心地交出邻居阿华从启东老宅弄来、送给我们的民国初年的青"和尚盆"。

老克勒见爱将取胜,满面堆笑,不过他假惺惺地称赞我们的"青麻头",作评论说:"如果你们这条虫耐心养一个星期,我的虫再厉害,也不是'青麻头'对手啊!"

40年前那场惊心动魄的恶虫大战,给"虫迷"留下一个教训,好虫还得靠精心饲养!

# 连斗毁掉"大将军"

2010年中秋、国庆之后,各地斗蟋逐渐进入高潮。国庆前夕,老"虫友"福荣兄来电,告知他今年从山东、河北、河南弄来四十余盆蟋蟀,要求我去鉴别、赏玩。

我兴冲冲来到福荣兄府上,发现其室内瓦盆林立,虫鸣此起彼伏,一一打草听叫后,确认其中七八条虫可以出征。然而,当我揭开一只搪泥盆,只见一条4斟多的"白牙青"在爬盆,显得躁动不安,遂惊问其故。福荣兄得意洋洋地说:"你不要看这条虫爬盆,它已连斗几场,都是上风呢!"我立马正告福荣兄,这条虫已经废了,因为"白牙青"要到霜降才能开斗,而现在提前出征,况且又是连斗,它的内脏已伤,所以烦躁爬盆。

千百年来,蟋蟀世界尽管涌现千军万马,虫才辈出,但每年真正冒出类似楚霸王、吕布、关云长、赵子龙这样大将军级别的毕竟极少,尤其是勇冠三军,能连斗几十场的更是凤毛麟角,那得称"虫王"或"虫精",如英勇善斗的"夹单",无论什么虫与其交锋,仅一个回合必败无疑。一般而言,即使恶虫整个秋兴只能斗四五场,而每场之间须相隔5至7天,否则难以恢复元气和疗伤。

走笔至此,我想起了1986年白露前夜,我弟弟从杭州三堡捕来两百余条蟋蟀,从中选出几十条入盆。那晚正好福荣兄来拜访,我便送他一条"淡青麻头",叮嘱他养到寒露再出征。孰料,几天后我去福荣家,见他家门口围了一大圈"虫迷",我扒开"天窗"一看,竟是福荣兄与人开斗。

在盆里蹒跚而行的正是我送他的"淡青麻头",与"淡青麻头"博弈的是一条小其一斟的"乌斑黄"。少顷,双方虫儿搭须、鸣叫、四牙交错,在盆里缓缓旋转。奇怪的是,"淡青麻头"似乎萎靡不振,面对敌手只有招架之力,步步后退。等到"乌斑黄"将"淡青麻头"逼到盆边时,它才置之死地而后生,奋力站起,一个"绣球夹",与敌手滚作一团,旋又一个"猪猡",将敌手咬翻,但"乌斑黄"六爪朝天一蹬,"淡青麻头"竟松开敌手牙齿,仰天倒下,别头逃之夭夭。

"淡青麻头"败下阵后,我问福荣兄,为何大虫反被小虫击溃,他双手一摊,坦言已连斗3场,均为上风,这是第四场,因气竭而败。就这样,一条尚未到开斗时间的"大将军"断送了美好前程。

当我们回忆起这段业已流逝的"走麦城"经历时,福荣兄腼腆地笑了,意思是自己即将步入人生的黄昏岁月,玩虫还缺乏定力,并表示今后要遵守虫界游戏规则,不再连斗伤虫了。

# "青蛙腿"横刀立马

余发表了《连斗：玩虫之大忌》一文后，不少虫友来电，大部分表示连斗确会伤虫，但也有人质疑这一说法，并举例证明自己曾养过连斗不败的恶虫。其实，虫友们忽略了拙文中的关键词：凡是"虫王"、"虫精"（异虫），不仅能连斗，而且可以连斗几十条恶虫。如北京蟋蟀协会的张老爷子的"真青一口酥"，曾连斗三十余条，以其一口咬败一条算，也就是大战三十余回合，这条虫在"1992北京大江南北长城杯蟋蟀大赛"中荣获冠军。

下面，余介绍一条亲眼目睹的"虫精"。

1980年8月底，余弟弟的同学小Z与另两位虫友"毛豆子"、"野污弹"从山东宁津捕回上百条大虫。三十多年前，山东虫刚跨入上海门槛，其威猛、善斗尚鲜为人知，这3名捷足先登者欣喜若狂。然而乐极生悲。一天下午，小Z捧着几员爱将，去曹家渡一虫窝挑战。孰料，当时一场雷阵雨刚停，他骑着摩托在康定路转弯时，被一辆大卡车撞倒，头上天灵盖慢慢地溢出牛奶似的脑浆。

是晚，当小Z躺在第六人民医院抢救室时，"毛豆子"和"野污弹"为了他们共同的财富，竟双双跪在小Z的花园洋房外连磕三头，翻墙而入，将几十盆恶虫"抢救"出来。其中，最怪的一条虫被余弟弟收养。那天清晨，余揭开老"和尚盆"盖，只见一条四斟左右的"朱砂紫"来回穿梭，其头似珊瑚；项如红枣，布满朱砂；六爪奇长，大腿上花斑重叠，端的是盖世英雄"花和尚鲁智深"！

两周后"朱砂紫"刚伏盆,余弟弟拿几条粉虫下盆开毛钳,只要对方起叫,其立马斗性冲天,交口仅一个回合,敌手便被甩出盆外。此刻,奇景出现了,"朱砂紫"两条大腿的爪子突然伸展开,其状宛若青蛙的脚掌;而斗败敌手后,其双爪又复归原样。当晚,我们便请"江南草王"前来鉴别,老太爷打草、引叫、入虫开斗毕,仰天叹道:"这是'青蛙腿',绝对'虫精',我只是小时候听四马路老虫师说过,但从未见过哟！"

翌日,余弟弟率领"毛豆子"、"野污弹"前往江宁路余庆里(现已拆除)叫阵,对方一连捧出十几条恶虫。双方恶虫入盆,对方上头阵的是一条"弓背黑黄"。这种恶虫往往把敌手一口举起,转身下摔,有万夫不当之勇,然而其遇上"朱砂紫"仅一只"喷夹",竟像被击落的飞机那样,反从空中跌入,落荒而逃。对方首场下风,怒火开始上升,遂催虫连斗,而"朱砂紫"毫无惧色,横刀立马于盆中央,大腿爪子完全伸开,恰似一只欲扑飞蛾的青蛙。对方那些恶虫被芡草引起斗性后,一路飞马上阵,然"朱砂紫"岿然不动,上来一条甩败一条,一连甩掉11条,其状胜似《说岳全传》里的高宠挑滑车！

"朱砂紫"连斗12条恶虫,撩拨得对方火冒三丈,一个"络腮胡子"猛地从手提包里取出一只小黑盆,揭开一看,乃是一条呱呱叫的"长项蜻蜓头",此亦"虫精"。于是,双方猛将迎头大战,也许"长项蜻蜓头"得悉"朱砂紫"连续作战,已累得筋疲力尽了,其上阵便左冲右突,连咬3口;不料"朱砂紫"越斗越勇,连挡对手3口,一个猛子将"长项蜻蜓头"举向半空,连摇三摇,一个"拆口",摔入盆角,敌手一条大腿、一只牙齿被咬断！对方见"朱砂紫"如此神勇,个个佩服得五体投地,当年无人敢向余弟弟叫板。

"朱砂紫"证明,"虫精"可连斗也。

# 秧子·白虫·"野战军"

在价值多元、利益至上的当下，虫界也呈现丰富多彩的异象。至于每到秋兴，蟋蟀的"黄、红、青、紫、白、黑"六大门类如何饲养、如何配对厮杀等，玄秘多多，一言难尽。本文所要谈的则是规劝"虫友"，当心玩虫"吃药"——错把秧子和白虫当大将军。

秧子，按虫界说法乃是指赤膊蟋蟀，也即在野生环境尚未脱壳变成会鸣叫的蟋蟀，便被人逮入盆内的虫儿。蟋蟀作为昆虫中的猛士，其生长必须顺应自然规律，从当年二尾子和三尾子结蛉、下卵，在土里孕育一年，翌年早秋方能脱壳成虫。也就是说，人要按道家"天人合一"的理念，来捉虫、玩虫，如你急于求成，将赤膊蟋蟀抓回来，它霎时失去与大自然阴阳五气的联接，虽然很快也会脱壳，但其野性已荡然无存。如此虫儿，即使长得威风凛凛，不过是南朝不会骑马的将门之后，抑或是只会托鸟笼、吸鼻烟的八旗子弟。

我曾养过一只大秧子，接受过表里不一的玩虫教训。且说1969年秋，是我跨进上海培明中学（现为女中）念初中的第一年，那时生态没遭到破坏，我们下课后在校园的墙角随便翻翻，就能捉到蟋蟀。一天下午，我在乱砖中捉到一条大秧子，如获至宝地养在用泥巴搭建的瓦罐中，一周后虫儿脱壳，端的是一条隋唐大将雄阔海似的四斟大黄虫。白露过后，我捧出大黄虫，与邻居"小头"从虹古路农家用2两粮票换来的小紫虫对阵。孰料，两虫相交仅一个回合，大黄虫便别头逃之夭夭，从此我再不养秧子了。

改革开放以后,山东虫名扬天下,无数"虫迷"疯了般扑向那茫茫的青纱帐。每年早秋,山东出恶虫的宁阳、宁津、乐陵等县政府在各乡镇、田头贴出大幅告示,严禁当地农民捉秧子。然而,这年头连当地3岁顽童都会唱"要致富,逮蛐蛐,大翅子顶头大水牛",又有几多农人理那告示。三十余年下来,国人以竭泽而渔的方式捉虫,包括捉秧子,现在山东虫已近枯竭,"虫迷"们只好向河北进军了。

与此同时,在高科技日益发展的影响下,"虫迷"纷起响应,居然玩起了人工培育蟋蟀,一般称人工培育的蟋蟀为白虫。我最早知道人工培育蟋蟀,是在1986年上海东台路合法蟋蟀市场开放时,由成立不久的上海蟋蟀研究会所倡导的"创举"。这些玩家将天然的蟋蟀卵置于优良的土壤内,将混有激素的药水,慢慢地锻造出表面不亚于野生虫的将军。经过二十多年的培育,目前已发展到你想要什么品种,培育者便提供什么品种,甚至在大雪纷飞的寒冬,照样让白虫作殊死格斗。

但是,如前所述,蟋蟀的生长有其自然规律,你将其纳入"高科技"轨道,这同反季节的基因食品有何区别?结果明摆着,白虫们自相残杀,可斗得难解难分、天昏地暗,但其与野生虫一碰,决不会咬过两个回合,毕竟白虫的肉体、精气神无法望野生虫之项背呵!

这样,虫界就称野生虫为"野战军",其战斗力之强,足能以一当百,即整班整排的秧子、白虫,难以撼"野战军"一根毫毛。

最后提醒广大"虫友",你们去山东等地购虫时,既要识别当地的秧子,更要识别从上海运去的白虫(由当地人出面卖给"虫迷")。否则,一不小心,你就好比深秋买到了在阳澄湖"插队落户"过的洗澡蟹!

# "黑铁"疗伤

1966年中央发布《五·一六通知》以后,"文革"烈火便在神州大地熊熊燃烧了。进入8月,随着北京红卫兵来上海点火,这个"东方巴黎"一夜之间被红色恐怖所笼罩。我家不幸也被冲击、被抄家。我在万般痛苦中,年仅13岁便与一群同病相怜的"狗崽子"学会了抽烟;同时,以捉蟋蟀来弥补空虚、惶惑的心灵。

斯时,一只蟋蟀疗救了我的心理创伤。

那年头,上海生态环境良好,即使市区也遍布蟋蟀,"虫迷"只须辛勤巡梭,大将军自会投入罗网。

我居住的北京西路老宅对面,是一条很短的南汇路,路边堆着许多工厂废弃的机器,多年来风吹雨淋,锈蚀斑斑的破机器下,潜伏着一些蟋蟀精英。但是,这些铁疙瘩十分笨重,"虫迷"很难捕获藏在它们下面的蟋蟀。

记得那年的白露前夜,我抽着用拾来的烟屁股做的纸烟,在废机器间耐心等到凌晨一二点,终于听见几声响亮的蟋蟀鸣叫。又过了半小时,我听准方位,便像野猫般钻进铁堆,一手打电筒,一手张网套住铁缝里的一条大虫。我兴奋得站在路灯下仔细端详,但见一条浑身墨黑的蟋蟀在网里乱跳,遂给它起个绰号——"黑铁",意思是铁机器里蹦出的黑大将。

我喜得"黑铁",仅养了几天,便与老宅及弄堂里的"虫迷"开斗。那时斗蟋一般是友谊赛,最多也不过斗俘虏。一些小朋友端来的蟋蟀,几乎都被"黑铁"一二个"喷夹"击败。我见"黑铁"英勇,即寻思如何与仇人斗蟋。且说老宅前二楼一个家伙,是率队抄我家的头儿,其兄弟养了一条万夫莫敌的"大头青三色",早秋以来一路逞霸,威震老宅方圆几条弄堂。

在那风雨如磐的艰难岁月,我们每天要背"红宝书"(《毛主席语录》),我背得最熟的一条是"人不犯我,我不犯人,人若犯我,我必犯人。"我做梦也想砍掉抄我家的恶棍的脑壳!然而,我年少体弱,怎么打得过他们呢。于是,我寄希望于"黑铁",让爱将为我家出一口恶气。

国庆上午,"大头青三色"与"黑铁"冤家路窄,展开了一场生死捕杀。彼此虫主人怒目相对,以斗俘虏的形式擂鼓鸣金。"虫迷"黑压压围成一圈,恶虫分别入盆。

"大头青三色"气势汹汹,挥动双须,缓缓绕盆一圈,挺立盆中央,昂首苍天,不可一世。"黑铁"则轻轻地理理繁须,大腿微微趴开,颇有点爱惜羽毛的况味。

双虫吃草、鸣叫,大战开场。"大头青三色"张开血红大钳,钳住"黑铁"一连3个"摇夹",逼其于盆角,又一个"搭桥",将其钳到盆中央,复捉一只"猪猡","黑铁"被咬得晕头转向。恶虫上场就是重夹,令围观"虫迷"大声喝彩。我心中焦虑,默念爱将赶快顶住。

少顷,"大头青三色"大叫3声,发疯般冲上前,咬住"黑铁"一个"闪电夹",将其甩到盆边。这下可惹恼了"黑铁",它仅闷叫一声,回首一口,钳住"大头青三色"以"麻花口"就地翻滚。"沙——",双方弹开,"黑铁"紧追不放,钳住"大头青三色"腰鼓爪,一个劲儿狠咬,直至将其咬断。

"大头青三色"毕竟是常胜将军,断掉腿反激起它的凶狂,遂以雄狮怒吼的威势,边叫边咬,一个接一个"喷夹",杀得"黑铁"步步后退、身上珠水点点。千钧一发之际,"黑铁"奋力脱出"大头青三色"双钳,退后一步,旋恶狠狠伸嘴咬住敌手马门,死咬不放,再钳翻敌手;"大头青三色"马门被咬裂,痛得五爪朝天乱抖,在盆里乱窜乱跳。"黑铁"拖着一身伤痕,仰天发出胜利的鸣叫!

"黑铁"艰难险胜强敌,不愧为我的爱将,我不禁悲喜交集,当场将俘虏仍给天井里一只老母鸡……

这只通人性的奇蟋蟀,在特殊的时代平衡、疗救了一个受伤少年的心灵,"黑铁"当之无愧蟋蟀英雄榜!

# "紫三色"返家记

中秋之夜,皓月当空,在窗外秋虫的吟唱中,我读到一篇写蟋蟀通人性的散文,说的是上海一位"虫迷"养了几十盆蟋蟀,凡他揭盖,虫儿都服服帖帖,外人观之则乱窜乱跳,盖虫们嗅惯主人之气味也。此文使我回忆起少时养过的一只"紫三色","千里走单骑"的往事。

1967年8月底,尽管"文革"烈火正熊熊燃烧,吾等玩蟋蟀的雅趣依然如故。一天下午,我小叔专程从松江佘山捕来几十条蟋蟀,我们高兴得欢呼雀跃,立马在天井里打斗、挑将军,最终选出一条"青大头"、一条"紫三色"。且说这"紫三色"形体不大,却长须飞舞、六爪颀长、蓝项起绒、紫光闪烁,端的是虫中"美男子"!

其时,邻居"哈巴狗"从青浦卫家角逮来的"玉顶"称雄老宅(现已拆除),他狞笑着托盆上门叫阵。我一看"玉顶",比"紫三色"阔一路、长一路,且项毛褪尽,端立盆中,仰望天空,确是一员老将。我那时少年气盛,回家捧出"紫三色"毅然迎战,以斗俘虏比输赢。彼此虫儿落盆,"玉顶"飞须触虫,一个"猛虎扑食",将"紫三色"钳起,连抖3抖,甩入盆边;"紫三色"遭到袭击,不禁怒发冲冠,双须如水蛇,贴盆一扫,迅捷窜到"玉顶"跟前,咬住其抱耳爪,往上一拱,"玉顶"仰天翻倒;孰料这厮毕竟老辣,一个"鲤鱼打挺",复钳住"紫三色",又一个"喷夹",将其弹向盆对面。我们都以为"紫三色"肯定下风了,哪知"玉顶"刚向前冲锋,"紫三色"猛地杀个"回马枪",一口将"玉顶"牙齿撬裂,发出节奏明快的鸣叫。"哈巴狗"

输了虫,却不想当俘虏,我大度地挥手放虎归山。

那当儿,我们正在传阅一本没有封面的《隋唐演义》,我便将"紫三色"爱称为"罗成"。

至此,不仅老宅三层楼面的"虫迷",乃至周围弄堂的"虫迷"都知道我有一条"罗成",纷纷前来挑战,然无不一一败下阵去。转眼到了国庆前夜,那晚我在给"紫三色"下三尾子时,它突然跳出盆外,逃之夭夭。

几天后,"紫三色"被二楼的"小四子"捉去了,他得了"罗成",整天像着了魔似的向一家家"虫迷"挑战,着实威风了一阵子。时值霜降,三楼的"熊革里"捧出一条"白牙青",与"紫三色"决一胜负。"虫迷"们围了黑压压一片,但见双将入盆,也不鸣叫,上去就是几只"猪猡",翻得"虫迷"们眼花缭乱。二十几个回合后,"紫三色"又杀一个"回马枪",竟将"白牙青"撬出盆外,满地打转,气得"熊革里"当场将败虫扔给晒台上的芦花鸡啄掉了。

照理,霜降是"白牙青"最厉害的时令,而一口红牙的"紫三色"已走下坡路了,况且双方大小悬殊,何以"白牙青"反而失败呢?是晚,我请教后二楼的老虫师唐老太爷,老先生捏须答道:"'紫三色'虽小,然英气盖世,乃虫界赵子龙也,故不按常规出牌,稀罕、稀罕啊!"

然而,我眼睁睁望着自己的爱将落入他人之手,心中十分惆怅。奇怪的是,一个秋凉的凌晨,我家后门的砖缝里飘出熟悉的蟋蟀鸣叫声,我披衣起床,仔细聆听,正是"紫三色"。但因老宅建于民国初年,砖墙深厚,无论我想尽办法,仍无法抓住它。当"小四子"得悉"紫三色"逃回我家后,也一连几个清晨来抓,自然亦无功而返。

就这样,"紫三色"苍凉的断断续续的叫声,伴随着我走近北风呼啸的寒冬……

# 蟋蟀盆换《西厢记》

我既是"书迷",亦是"虫迷",在觅书和蟋蟀盆的诸多趣事中,惟有1975年秋季,我用两只老盆换一套线装绣像《西厢记》的经历印象最深。

经过"文革"洗劫,蟋蟀盆作为"四旧"被扫荡得差不多了。当年,一方面玩蟋蟀政府没有开禁,故不像现在有那么多新盆;另一方面养蟋蟀必须用老盆,否则虫不伏盆,极品会养成孬种。这样,谁拥有老盆如同家藏稀世珍宝一样。

邻居"野污弹"乃特级"虫迷",他已经有了不少老盆,却依然看中了我的"龙盆"和"天乐盖"。一天黄昏,他悄悄地来到我家,故作神秘地说:"嘿嘿,我早就知道你喜欢读古书,我家里有两本看也看不懂的书呢。"

"好啊,什么书?"我一听有古书,在那闹书荒的年月,恰似久旱遇甘霖,不禁眼放光芒,"能借给我看看吗?"

"不要说借了,我还要'送'给你哩。"他大度地拍拍胸口,从裤袋里抽出一个纸包,然后打开让我看。我仔细望去,两册书的黄封面上有火烧过的痕迹,所幸内页不缺。顿时,张生、莺莺、红娘一个个栩栩如生地跃然书上,令我赞叹不已。他眼珠一转,正色道:"这两本书是我哥哥从一个被抄家的老板处搞来的,可惜我们看不懂,不过我们知道这是老古董。"

那阵子,我是一个情窦初开的小青年,非常想"偷"看这类禁书,便问他:"你打算借给我吗?"他见我中"邪",马上诡谲地一笑:"两本书换你的

‘龙盆’和‘天乐盖’,怎么样,为了玩虫,我准备吃大亏了。"

唉,这小子偏偏盯上了这两只老盆,须知"龙盆"是我玩虫的启蒙老师"卖香烟老头"送的;"天乐盖"是我用20套纪念邮票换的,都是清末民初的好盆哪!我一下子不舍得,考虑两天再决定。结果,第二天我便去他家换下了书。

许多年过去了,一些文友、书友得知我这段故事时,纷纷赞扬我有眼光,属于玩物不丧志的主儿;而几位"虫友"听说此事,竟给我当胸一拳:"你这个戆大,两只老盆现在价值几千元哩,怎么就换了两本破书呢!"

我不知道这一交换合算么。

# 蟋蟀讲座被考记

深夜,听着窗外小精灵的鸣叫,我油然忆起在"2004上海七宝首届金秋蟋蟀节"期间,在古镇的蟋蟀草堂开蟋蟀讲座时所遇到的挑战。

七宝乃名虫之乡,明清两朝皇帝将全国7个县乡:山东的宁阳、宁津、乐陵;浙江杭州的三堡、绍兴的道墟;安徽的宣城,以及上海的七宝定为贡虫之地。这些地方的草民如果有幸逮到"大将军",则可能晋京一睹

七宝古镇为迎候蟋蟀教授开讲座,
特制蟋蟀大将一员

上海著名蟋蟀教授在七宝开蛐蛐讲座,
举办方在上海七家报纸上做广告

七宝蟋蟀虫王方老大与方老四合影

"天颜",从此一步登天。至今,这7处名虫之乡的后人为此津津乐道、沾沾自喜,并自改革开放后经常举办蟋蟀节。于是,"2004上海七宝首届金秋蟋蟀节"主办方将蟋蟀讲座作为一个内容,还提早散发了印刷考究的广告,在蟋蟀草堂大门前,悬挂了一只狼犬般的艺术蟋蟀。我应邀于是年9月26日与10月2日前去开讲。孰料,我第一场讲座便遭到了"虫迷"们的挑战。

当天开讲前,我站在始建于明代万历年间的七宝蒲汇塘桥上,望着川流不息的蒲汇塘,遥想先民在建于晚清的蟋蟀草堂斗虫的情景,不禁感慨万千,亦担忧平生第一次开蟋蟀讲座,会不会成功。

下午1时,一番开场白后,我从中国历史悠久的虫文化讲到蟋蟀"黄、青、紫、黑、红、白"六大门类的鉴别、饲养、厮杀,以及南虫与北虫的不同特点及养法;更结合自己50年平生所见之恶虫,点评了15大异虫横空出世的法门。讲到高潮,我通过幻灯投影,将七宝"虫王"方氏兄弟积40年之功,浸在富尔马林里的七宝名虫标本一一演示,同时从容回答"虫迷"的提问。

三个小时不知不觉过去了,整个讲堂倒也显得祥和、轻松。然而,就在我宣布讲座结束之际,后排站起一位戴无框眼镜、年过花甲的长者,他双手一揖,笑嘻嘻地说:"我是上海出去的美国人,每年回来玩虫,今天特意从虹口开车来听讲座的,你讲得不错,不愧为著名蟋蟀教授!"我立即表示感谢。此刻,他突然眼珠一转,又说:"不过,玩虫不能纸上谈兵,要像毛泽东先生所讲的理论联系实际。我建议现在拿几条大虫开斗,请你当场点评哪条胜哪条负,我们才服你。"全场"虫迷"一齐叫好,推波助澜。我一听此言,顿时冷汗淋漓,心想今天碰到虫界"老克勒"了,只好硬着头皮答应。

少顷,蟋蟀草堂堂主捧出几盆从山东宁阳花高价买来的蟋蟀,通过闭路电视显示开斗情景。第一对出场的为"乌斑黄"和"淡色面",我只看一眼,见"乌斑黄"在栅里窜来窜去,尚未伏盆,而"淡色面"入栅却十分沉着,缓缓蠕动,便判断道:"'淡色面'上风,'乌斑黄'经不起重口。"果然,两虫相交,仅一只"喷夹"、一只"黑虎掏心","乌斑黄"便落荒而逃。众"虫迷"一惊。

第二对出场的为"白牙青"和"黄长衣",我定睛凝视片刻,便厉声道:"'黄长衣'上风,最多咬不过5口!"其因乃是"白牙青"要到霜降才能六爪凌空,中秋时分牙浆尚在,而"黄长衣"包扎紧、底板干。开栅后,两虫双须一搭,即以迅雷不及掩耳之势抱作一团,连打3只"滚夹",分别弹开,旋沿栅徐行。两虫再次会面,"黄长衣"大叫3声,一个"造桥夹",将"白牙青"钳到栅边,足足撅了十几秒,只疼得"白牙青"跳栅而逃。众"虫迷"大惊。

第三对出场的为"花项淡紫"和一条色面不清的"两头尖",我仔细端详它们足足有几分钟,无论从虫儿的厘码(大小)、干老、长相而言,都难分伯仲。然而,按《虫谱》说法,"花项淡紫"绝对是上品,但北虫不像南虫,色面清爽的不一定出将军。我拿定主意,大喝一声:"'两头尖'上风!"至于恶虫能咬几口,我确实没把握估算了。结果,两虫相交,只听得油爆花生米似一声响,"花项淡紫"被"两头尖"一口咬伤,珠水溢出,痛昏过去。众"虫迷"发出雷鸣般的喝彩声。

3场战斗下来,众"虫迷"不好意思再考我了,而我的内衣已然湿透。因为小精灵毕竟是动物,变数太大,我一旦评错,岂不坏了七宝的名声。

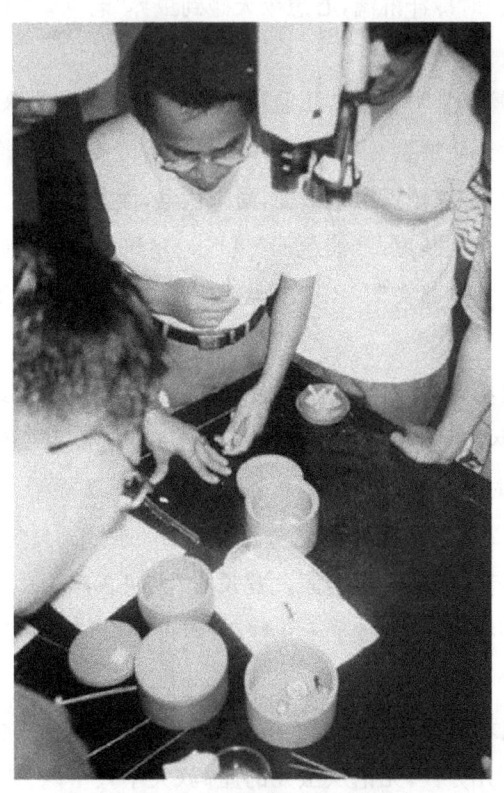

七宝蟋蟀草堂虫迷斗蟋

# 为研究生上蟋蟀课

秋高气爽,蟹肥菊黄,蟋蟀南征北战,余受华东师大社会发展学院副院长田兆元教授相邀,前往该校闵行校区为研究生开蟋蟀讲座。余在民间虽有蟋蟀教授之雅称,然赴高等学府开课,却是平生第一次,也许国内高校鲜有此类讲座吧。

有此幸会,须将历史长镜头闪回到十几年前。斯时每年秋兴,百万南北"虫迷"遥相呼应,蝗虫般奔向齐鲁、燕赵大地,将茫茫青纱帐里的"三王十八将"请入大都市,一俟中秋,便狼烟四起,恶虫搏杀,声震天宇……余趁机摇动秃笔,为《新民晚报》、《扬子晚报》、《钱江晚报》、《福州晚报》、《劳动报》、《报告文学》、《美化生活》、《上海滩》、《世纪》、《采风》等十几家报刊撰写"虫迷"耍斗蟋蟀之奇文;一时洛阳纸贵,拙文被《作家文摘》、《文摘报》、《报刊文摘》、《中华周末报》、《法制日报》、《羊城晚报》、《山西晚报》等二十几家报刊转载。且说田教授乃国内著名民俗学家,亦对蟋蟀情有独钟。一日黄昏,他在故乡湖北一县城的报摊上,偶然发现余发表在"江南游报"上的斗蟋大特写,被一份文摘类报转载,其击节赞赏,由此产生邀余为学生上蟋蟀课之念头。

余为研究生上蟋蟀课,必须上升到理论高度,否则难以收场。于是,余怀着些许惶恐,缓缓登上讲坛,脱口一句由孔夫子删定的《诗经》中"……十月蟋蟀入我床下",说明早在2 500多年前的春秋,国人已与蟋蟀产生感情。接着,余先高诵白居易借代蟋蟀表达乡愁的名诗《闻虫》:

华师大蟋蟀讲座(一)

华师大蟋蟀讲座(二)

"闻蛩唧唧夜绵绵,况是秋阳欲雨天。犹恐愁人暂得睡,声声移近卧床前。"后低吟李清照咏天上牛郎织女悲剧的长短句《行香子》:"草际鸣蛩,惊落梧桐,正人间,天上愁浓……"告诉学生们,养斗蟋蟀既是自古以来一种雅俗共赏的民俗活动,更是博大精深的中国传统文化之翘楚。然而,一旦蟋蟀出现在古代文人的诗词中,便罕见"气吞万里如虎"的豪迈气概,而是抒发"蟋蟀悲秋菊"、"切切动哀音"的婉约之韵。

仅此番亮相,学生们已被深深吸引。由古人诗词导入正题,余首先阐明自从唐朝天宝年间,伴随着"安史之乱",蟋蟀被人类捉对厮杀以后,国人玩虫发生了质变,此乃生物、社会发展规律使然,其既反映了达尔文《进化论》中"物竞天择,适者生存"的丛林法则,亦体现了尼采、叔本华超人哲学的思辨色彩。按美国加利福尼亚州立大学人类学教授罗伯特·路威在《文明与野蛮》一书中的观点,在历史发展的长河中,人观赏动物竞斗这种需要,是人类文明进化时强有力的一种欲望的表现,也即是人类社会发展的驱动力之一。

然而,当赏玩蟋蟀被昏庸的封建统治阶级弄到玩物丧志、丢掉大好江山的地步,则成为后人的笑柄与前车之鉴。诸如南宋蟋蟀宰相贾似道、南明首辅兼东阁大学士马士英玩虫丧失政权;清代皇上只因蟋蟀有"促织"之名,竟然将全国贡虫归于织造府主管,直至发展到清末老佛爷每年重阳节后,在颐和园开设赌局斗蟋……学生们听到这儿,发出一片嘲讽封建老爷的哄笑声。

一节课后,讲座逐渐进入高潮,余通过 PPT 在屏幕上一一演示蟋蟀经济、蟋蟀搏斗、异虫横空出世等板块,从而使学生们了解到随着上海城市的变迁,蟋蟀经济应运而生,如旧上海四马路(今福州路)上的虫儿摊档,建国后上海黄陂北路非法蟋蟀市场,上海自 1986 年首辟的东台路(现为文物市场)合法蟋蟀市场及文庙、曹安、万商等市场场景;改革开放后南北呼应,山东宁阳、宁津等举办的中华蟋蟀节,上海七宝举办的斗蟋擂台赛,以及大江南北多次举办的斗蟋大奖赛等场景,使学生们大饱眼福。演示完毕,学生们群情振奋,掌声雷动,有的同学还要求重放恶虫搏杀的场面……

时间飞快,不知不觉已是夕阳西下,教室外断断续续传来蟋蟀的鸣叫声,讲座进入最后的互动阶段。一位男生提问:老师,请您解释刚才说的蟋蟀如何做"虫迷"和山东姑娘的红娘?余朗声答道:上海"虫迷"每年去山东购买蟋蟀,住在山东农民开的旅馆里,从而与老板的女儿日久生情,山东妞很自然地嫁给了上海"虫迷"。嘿,齐鲁女子甲天下,她们对"虫迷"丈夫简直是掏心掏肺、无微不至啊!

一位女生激动地感谓:老师,俺就是山东宁阳人,今天才知道家乡的蛐蛐儿是那么神奇,俺感到自豪!但为什么俺们以前不知道蛐蛐儿可以致富呢?余立马笑答:早在明清时期,宁阳就是贡虫之乡,改革开放前因信息闭塞,你们才不识眼前的宝贝;同时,衷心希望你与故乡的蛐蛐儿一样奋发有为,成为一代英才!

一位教授提问:蟋蟀是不是与人类一样,搞一夫一妻制;鲁迅先生为什么说原配的蟋蟀能治愈肺病,蟋蟀究竟有没有原配的?余思索片刻,从容回答:野生蟋蟀没有原配的,它们的"婚姻"宛若人类的原始社会,实行群婚制,除非"虫迷"将秧子(指赤膊虫)捉回家中培养,方能成就"原配夫妻",但这种温室里的花朵有啥用呢?至于鲁迅先生说原配蟋蟀能治肺病,其实是他老人家的幽默,他明知肺病在当时是不治之症(何况他是学医出身),故云世界上不可能有的原配蟋蟀做药引之难,难于上青天!

未几,天幕已呈现铅灰色,晚秋凉飕飕的晚风穿窗而入,屋外旷野中断断续续传来蟋蟀苍老、凄凉、嘶哑的叫声,提问尚在继续……

# 蟋蟀筒里的秘密

曾在我家当钟点工的何大嫂年过半百,乃安徽六安人氏,她嫁给一名上海知青后,于1980年代初在知青大返城的浪潮中回归上海。他们返城后何大嫂当钟点工,她丈夫则在建筑工地做临时工,一家老少三代蜗居在长风公园4号门对面的老式平房里,生活十分艰难。

然而,就在这幢老式平房里,发生了一件悬事,从此搅乱了他们全家的平静生活。

我们且将历史长镜头闪回到建国初的土改运动中。那年,何大嫂的公公作为苏北农村的一名乡长,因拥有几亩薄田,理所当然地被划为地主。于是,这位乡长大人在一个月黑风高之日,率领全家逃亡上海,隐居在沪西郊外(今长风地区)。1958年长风公园落成之日,乡长一家便租下公园4号门对面的一间旧平房,生活总算安定下来。

从此,乡长一家仿佛一叶破舟,在生活的激流中浮沉。令家人奇怪的是,乡长几乎不过问家中任何琐事,一切由他的太太作主,但有一口小小的破皮箱却不准任何人碰,那口皮箱上了一把清末民初的长柄铜锁,钥匙永远别在乡长腰间。

然而,这位乡长却是一个"老虫迷",在老家时即以善养蟋蟀而闻名乡里镇上,赢了不少钱财,逃到上海后依然玩虫如故。不过,乡长因家庭经济困难,自己没钱赌虫,而是以抓蟋蟀卖钱补贴家用。

且说"文革"前上海市中心有几处资本家玩虫下赌的秘密营垒,如卢湾区的霞飞坊、黄浦区的湖滨大楼、静安区的太平花园。盖因1949年人民共和国建立后,政府对资本家实行赎买政策,他们的经济状况并未改变,仍过着与普通市民有霄壤之别的奢侈生活,从而使他们有条件吃喝玩乐,特别是那些食利阶层的小开,尤喜赏玩花草虫鸟,又以斗蟋为最。这种状况一直持续到"文革"爆发。

于是,乡长以其独特的抓虫、识虫秘诀,在每年早秋游荡于上海郊区的蟋蟀世界里,将一员员大将请出田野、村庄,然后捧到上述花园洋房,卖给资本家及其小开。不然,乡长作为一个没有固定收入的逃亡地主,何来法宝救全家于艰难岁月,更甭说三年困难时期,全家居然无丁饿出疾病来!

"文革"中,乡长作为逃亡地主被斗得死去活来,家亦被抄得空空如也,唯有那口皮箱不知被乡长藏于何处。粉碎"四人帮"不久,那口皮箱又戏剧般地冒将出来,只是更不离乡长左右。

随着岁月流逝,乡长在"文革"中惨遭迫害而落下的哮喘病日益严重,但他对此病不以为然,家里不备急救药。一个寒冬的子夜,乡长终于哮喘发作,喘到一个字都吐不出,家人急呼120,然而乡长却示意不必多此一举,接着倾全力颤巍巍地朝天伸出两根手指。众子女均不解其意,乡长太太流着泪急忙问道:"是不是乡下还有两间房子?"乡长微微摇头;老太太又吼道:"你是不是藏着两条'小黄鱼'(指金条)?"乡长再微微晃首,不等老太太继续追问,他一口气背了过去。

处理完乡长后事,全家人纷纷猜测老人伸出两根手指的含义。最后还是老太太心眼准,她示意大儿子(何大嫂丈夫)打开那口皮箱,也许答案就在里面。随之,何大嫂丈夫用锤子砸开铜锁,箱子里仅仅是一只装蟋蟀的竹筒,老太太拿起竹筒一倒,倒出一卷宣纸,展开一看,上书"大洋二百"。全家人看毕,丈二和尚摸着不头脑,仍由老太太作主,发动儿孙辈对平房的角角落落大扫荡了一番,结果连大洋的影子也没有。老太太遂边哭边嚎:"老头子呀,老头子,我跟着你吃尽了苦头,到头来你还将二百大洋带进棺材!"

那么,这二百大洋究竟藏于何处呢？要知道,中国的小地主是世界上最穷的地主,他们积累财富极为艰辛,往往是望着挂在墙上的鱼干,伴着酱油汤下饭,一个子儿一个子儿积起来的。何况,当年的二百大洋在上海可以买石库门的厢房,现在则是珍贵的文物了。唯一能解释的,二百大洋乃是乡长在老家斗蟋蟀积累的财富。但他为何要隐藏得那么深呢？

何大嫂全家罩着一头雾水,便寄希望于政府拆迁平房时来解开这个谜。前年,在建设长风生态园区的号角声中,乡长的后代们齐刷刷盯着平房化为废墟,但二百大洋仍未浮出水面……

# 爱虫文曲星与三省争朱熹
## ——兼谈三县争蟋霸

1991年夏,我从千古名山匡庐直驱星子县的白鹿洞书院,去瞻仰南宋大理学家朱熹的胜迹。来到竹林掩映、苍松森然、溪水淙淙的书院,同行的上饶师范学院的朱熹研究专家、朱熹后裔朱教授告知:朱熹为何选星子县作书院呢,盖因斯处生态优良、鸣虫众多,其中尤以蟋蟀称雄江西。原来,朱老夫子还是一位"虫迷"!

后来,我在上饶、福州参加"朱熹国际学术研讨会"期间,包括朱教授在内的多位专家一致认为,朱熹并非一介书生,他老人家爱好广泛,确是"虫迷"。然而,朱熹以听蟋蟀鸣叫为乐,往往闻虫鸣而文思泉涌,乃因他老先生觉得斗蟋太残酷,有悖于他一贯宣扬的"温良恭俭让"、"天下归仁"的理念,亦违逆于他的宗教思想,即"对儒家弟子来说,道始终保持着道德的特征"。

据考证,朱熹也是中国古代喜蟋名

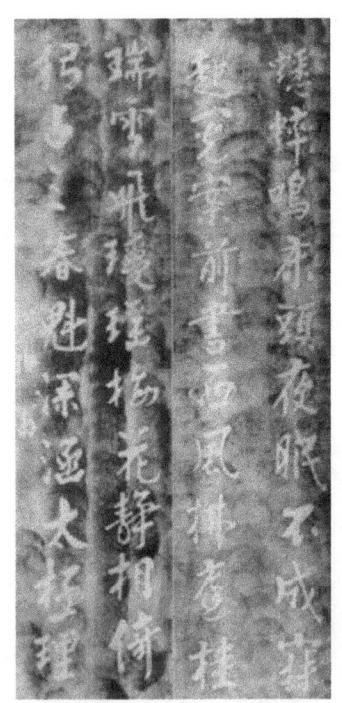

南宋大理学家朱熹颂蟋蟀诗墨宝,
转引自《中华斗蟋五十不选》

人中唯一留下颂虫墨宝者,其诗云:"蟋蟀鸣床头,夜眠不成寐。起阅案前书,西风拂庐桂。瑞雪飞琼瑶,梅花静相倚。独占三春魁,深涵太极理。"看诗的意境,应是朱熹作于白鹿洞书院,现凿刻于雄峻的摩崖之上。

朱熹作为中国儒家自先秦至宋代以降的集大成者、作为一名童心未泯的"虫迷",他老人家居然成为近年来三省争夺的对象!

下面,介绍官司打到国务院的三省争朱熹公案。

1994年5月,我在皖南屯溪参加"胡适国际学术研讨会"期间,基于朱熹对胡适的影响而讨教于冯友兰先生高足、安徽大学教授、黄山书院院长钱耕深先生,不料竟引出一段三省争朱熹的公案。

近年来,由于旅游业的迅猛发展,以及投资、开发热的经久不衰,许多地区都以占有多少名胜古迹、名人大官为荣,由此展开了诸如江西与安徽桃花源头之争;开封与合肥包公墓地之争;山东两县西门庆祖籍之争……朱熹作为中国历史上的一代文化巨匠,也卷入了这一漩涡。

朱熹在中国思想史上有着不可磨灭的影响。朱熹学派在经历了孔孟、董仲舒之后成了官方儒学,影响达700年之久,明清两朝考科举,均以朱熹的《四书章句集注》为必读书和考题。日本曾将朱子学说作为天皇思想,统治了整整200年;韩国最杰出的思想家李退溪,乃是朱熹的忠实信徒。因此,朱熹是一个影响周边国家,在欧美均有广泛影响的国际性大思想家。

由此,福建、江西、安徽三省展开了对朱熹归属哪省的争夺战。

福建方面认为,朱熹出生于福建武夷山的建阳县,他的一生大部分时间,也是在此度过的,最后又逝世于斯,葬于斯。现在朱熹的陵墓气势恢弘,已成为武夷山著名的人文景观。同时,朱熹在福建还创建了"武夷精舍"(又称"紫阳书院")和"考亭书院",他先后在两院讲学十多年,福建方面据此说朱熹是一个典型的福建人,武夷山以朱熹为荣,建起了不少与朱子有关的景观。

江西方面认为，朱熹是江西人的依据有两条：一条是建国前，当时的国民政府已将朱熹的祖籍地安徽婺源县划归江西，是后来安徽人硬要回去的。但是，建国后人民政府又将婺源县划给了江西，故一切须以现在的朱熹祖籍地在哪个省为准。另一条是朱熹在南宋四大书院之首的星子县界内的白鹿洞书院讲学，南宋淳熙六年（1179年），朱熹还奏请孝宗皇帝赐书院额及御书，使其声名大振。

安徽方面则认为，首先，要看朱熹本人对自己籍贯的态度。朱熹一再承认古代徽州的新安郡婺源县是他的祖籍，自称"新安朱熹"，他一生中回过故乡三次。新中国建国前夕，国民政府将婺源划归江西后，婺源人难以承受，感到建县一千多年来，从未脱离过母体，遂兴起了强烈的婺源返皖运动，胡适也积极参与奔走呼号，终于使婺源重归安徽。因而，虽然解放后婺源又划给了江西，但它的根子在安徽，而朱熹的祖籍在婺源。其次，朱熹在故乡创造了徽学的重要组成部分——新安理学；在历史文化名城歙县，朱熹建了两处"紫阳书院"（今遗址尚在）。据《歙县志》载：朱熹之父曾游于此，刻有印章"紫阳书院"，朱熹在书院讲学，培养了著名的12个学生。南宋淳祐五年（1245年），徽州太守韩补请理宗皇帝为"紫阳书院"赐名，乃名扬天下。

三省的争夺战中以争朱熹籍贯为最，一部《中国名胜词典》都没有记载婺源，可见这段公案之棘手。

那么谁是谁非呢？钱教授认为，福建说符合现代工业文明意识，即以人的出生地为凭证；江西说以行政区域为凭，也不无道理；安徽说是根据中国传统文化和习惯来定位的，即中国人素以祖籍来定自己为何处人，即使现代人填表格，也是填祖籍，而非写出生地，何况一千多年前的古人呢。但不管什么说，三省都应该在弘扬祖国传统文化，进一步研究朱熹上加强合作，并与海外互相交流，多为后人留下丰富的精神遗产。现在三省的合作已有了良好的开端，如江西出资主办的《朱子学刊》，如今由黄山书社出版,已出了5期;安徽正筹措巨资,出齐朱熹全集;福建则经常召开朱熹国际学术研讨会。因此,朱熹不仅是三省的财富,也是全中国、全世界的财富。

从上述三省争朱熹公案之激烈,足见人类社会之纷繁。孰料,蟋蟀世界亦不甘寂寞,在各地"大将军"揭竿而起、南征北伐之际,那些神通广大的虫主人又泛起了春秋争霸的历史波澜。其中,山东的宁阳、宁津、乐陵掀起了一股三县争蟋霸的狂涛,令天下"虫迷"所垂青!

宁阳方面认为,该县从古至今出虫王,无论帝王还是百姓谁不对宁阳虫顶礼膜拜?具体而言,宁阳建县于公元前200年(汉高祖七年),斗虫之风始于秦汉,比《虫谱》上所说的唐中期斗蟋兴起早了6个朝代。古代宁阳乃贡虫第一县,其中"紫黄"、"大黑青牙"、"黑头金赤"名扬天下;在晚清秦子惠的《功虫录》中,记载了宁阳"黄麻头"获得"赐宫花披红巡各殿"之殊荣,献蟋者朱征承蒙皇上恩典,被赐赤金百两的辉煌虫史。

同时,宁阳的地理环境和丰富的农作物为蟋蟀的生长提供了优越条件:一是特殊的地理位置,其处于泰山山脉之南,境内有全国唯一的倒流河——大汶河,属小盆地气候,季节分明;二是水土优质,当地水质很硬,泥土酸碱适度,钙含量特别高;三是作为农业大县,农作物丰富且高产。

缘于此,宁阳县城到处翻飞着"中华蟋蟀第一县"的横幅;而始建于公元前206年(汉高祖元年)的泗店镇,更是高擎"蟋蟀古镇,蟀领中华"、"中华蟋蟀文化发祥地"的大旗,招揽天下"虫迷"。宁阳蟋蟀研究院院长刘德强自豪地说:"每年在全国各类比赛中,最后夺杯争冠的都是俺宁阳蛐蛐!"

如此一来,宁津的宣传部门不买账了,他们认为宁阳出好虫的条件,宁津一样也不缺,特别是宁津的"披袍"称雄虫界,曾多次获得全国比赛冠军!因此,宁津称自己是"蟋蟀皇冠上的宝石",同样打出"中华蟋蟀第一县"的巨大横幅,在电视里反复播放"让俺们宁津蟋蟀走向全国、走向世界"！

　　正当宁阳、宁津两县针尖对麦芒之时,横里又杀出个程咬金,乐陵宣传部门却表示,俺县的水土、农作物哪样低于你们啦,俺们的"乐陵黄"不是得到过明清两朝皇上的赞扬吗！不是得到过中华斗蟋冠军吗！于是,乐陵照样让"中华蟋蟀第一县"的旗帜在该县上空高高飘扬……

　　更有趣的是,三县均以自家的蟋蟀卖了天价而自豪。据宁阳的刘院长称,泗店镇南古城村的刘长海,2009年卖出一条"大头紫黄",得款4.2万元。该县"虫民"传说,2012年一位香港"虫迷",花14万元,从黑风口市场收到一条"琥珀青"。而宁津方面却云,2014年该县虫市场上售出4.6万元一条的"真红披袍"。乐陵方面则辩称,早在上个世纪末,该县已售出4万元一条的"乐陵黄"！另外,2012年春季拍卖会上,中国嘉德拍出一只明万历年间的蟋蟀盆,以82.8万元的高价成交。虫界均在传说,该盆产于山东,三县的"虫民"也在争称出自家之手。

　　其实,山东有着一条自北往南的带状的产蟋区域,位于东经116°—117°,包含宁阳、宁津、乐陵、曲阜、济宁等16个地区,山东虫称雄天下应无疑义,三县毫无必要争夺"虫霸"的虎皮交椅,而应像福建、江西、安徽三省协作研究朱熹那样,同力合作,共同保护、弘扬中国虫文化。而当务之急,是采取措施维护良好生态,不让山东蟋蟀陷入竭泽而渔的泥淖！

大明宣德盆

古燕赵子玉造 2 号盆(鳝鱼青)

仿明腰鼓盆(袁中华制)

清光绪五彩蜘蛛水盂

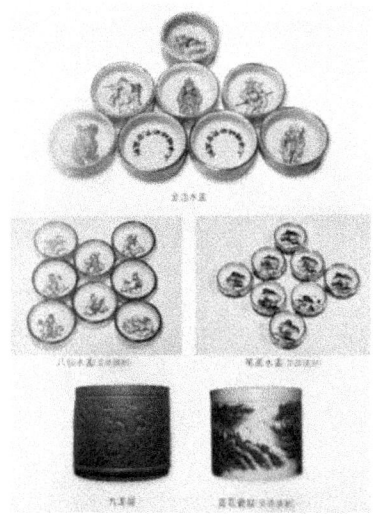

水盂盆等

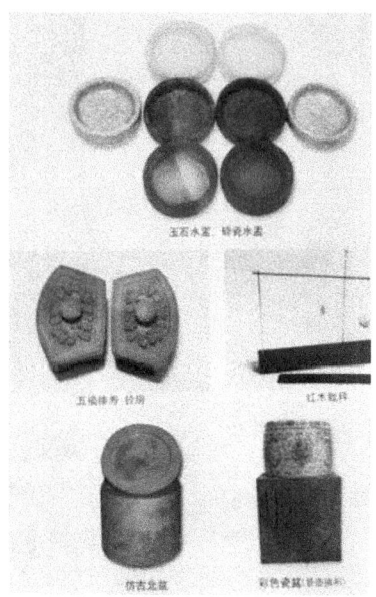

水盂、铃房、盆等

过笼

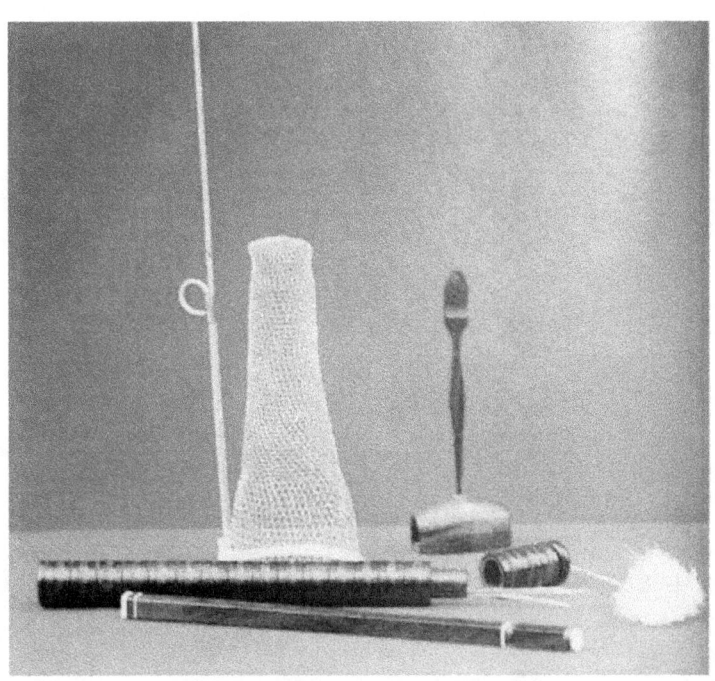

工具

图书在版编目(CIP)数据

中华斗蟋潮 / 秦维宪著. —上海：上海书店出版社，2015.11
 ISBN 978-7-5458-1192-6

Ⅰ.①中… Ⅱ.①秦… Ⅲ.①报告文学—中国—当代 ②随笔—作品集—中国—当代 Ⅳ.①I217.2

中国版本图书馆 CIP 数据核字(2015)第 261766 号

责任编辑　杨柏伟　邢　侠
装帧设计　杨钟玮
技术编辑　丁　多
封面绘画　罗希贤

**中华斗蟋潮**
秦维宪 著
上海世纪出版股份有限公司
上海书店出版社出版
中国图书进出口上海公司发行
2015 年 11 月第 1 版
ISBN 978-7-5458-1192-6/I · 340

www.ingramcontent.com/pod-product-compliance
Lightning Source LLC
Chambersburg PA
CBHW060516090426
42735CB00011B/2253